高校智慧图书馆建设与服务研究

崔 芳 杲 亮◎著

文化发展出版社
Cultural Development Press
·北京·

图书在版编目（CIP）数据

高校智慧图书馆建设与服务研究 / 崔芳，杲亮著
. — 北京 ：文化发展出版社，2023.12
ISBN 978-7-5142-4262-1

Ⅰ．①高… Ⅱ．①崔… ②杲… Ⅲ．①院校图书馆－图书馆工作－研究②院校图书馆－图书馆服务－研究
Ⅳ．① G258.6

中国国家版本馆 CIP 数据核字 (2024) 第 024950 号

高校智慧图书馆建设与服务研究

崔　芳　杲　亮　著

出 版 人：宋　娜
责任编辑：袁兆英　　　　　责任校对：岳智勇
责任印制：邓辉明　　　　　封面设计：守正文化
出版发行：文化发展出版社（北京市翠微路 2 号 邮编：100036）
网　　址：www.wenhuafazhan.com
经　　销：全国新华书店
印　　刷：天津和萱印刷有限公司

开　　本：710mm × 1000mm　1/16
字　　数：200 千字
印　　张：10.75
版　　次：2024 年 6 月第 1 版
印　　次：2024 年 6 月第 1 次印刷

定　　价：72.00 元
I S B N：978-7-5142-4262-1

◆ 如有印装质量问题，请电话联系：010−58484999

前　言

进入 21 世纪以来，智能化的交通设施和建筑设施逐渐普及起来。党的十九大报告提出要构建智慧社会的目标，而图书馆作为一个提供信息服务的场所，其使命是支持国家发展、推动社会进步、促进科技创新以及促进个人实现终身学习和全面发展等。通过多样化的服务，图书馆能够帮助缩小城乡之间以及不同群体之间的素质差距，这些服务从各个方面入手，确保无论什么地方、什么群体都能享受到图书馆的服务。现在，建造图书馆的目标不只是保存和传续资料，更重要的是提高人们的文化素质，缩小文化水平方面的差距，推动我国文化事业蓬勃发展以及提升文化创新力，且充分发挥文化在经济增长中的重要作用。

高校智慧图书馆是为高校学生提供服务的，因此，高校智慧图书馆不应仅供学生自习使用，而应更加注重培养学生获取并创新知识和文化的能力。为此，高校智慧图书馆需要重塑服务理念，采用新的服务方式，以此来吸引更多学生前往借阅。研究高校智慧图书馆的建设和服务可为揭示高校智慧图书馆存在的问题提供指导意见，从而对提升其服务水平具有启示作用。

现在，由于科学技术的不断进步和 5G 技术的广泛应用，高校智慧图书馆的服务正在不断发展和完善，并且建设速度也在逐步加快。研究高校智慧图书馆的建设和服务，可以促进高校智慧图书馆服务水平的提升，确保学校师生和国家科研事业能够得到更加高效、全面的服务。

本书共六章。第一章为智慧图书馆概述，主要就智慧图书馆的内涵与特征、智慧图书馆的框架设计、图书馆建筑的智能化、智慧图书馆的构成要素四个方面展开论述；第二章为智慧图书馆建设中的技术应用，主要就 RFID 技术在智慧图书馆建设中的应用、大数据在智慧图书馆建设中的应用两个方面展开论述；第三章为高校智慧图书馆基础建设，主要就高校智慧图书馆馆员队伍建设、高校智慧图书馆数字资源建设两个方面展开论述；第四章为高校智慧图书馆的服务类型，主要就文献信息服务、现代化资源服务、学科化服务、个性化服务、融合服务五个方面展开论述；第五章为基于不同视角的高校智慧图书馆服务，主要就大数据时代高校智慧图书馆服务、“双一流”建设背景下高校智慧图书馆服务、教育现代化背景下高校图书馆智慧服务、四维度模型下的高校智慧图书馆服务四个方面展开论述；第六章为高校智慧图书馆服务模式创新，主要就高校智慧图书馆移动服务模式、高校智慧图书馆信息共享空间服务模式、高校智慧图书馆“重点读者”服务模式、高校智慧图书馆嵌入式服务模式、高校智慧图书馆知识服务模式五个方面展开论述。

在撰写本书的过程中，作者参考了大量的学术文献，得到了许多专家学者的帮助，在此表示真诚感谢。本书内容系统全面，论述条理清晰、深入浅出，但由于作者水平有限，书中难免有疏漏之处，希望广大读者及时指正。

崔芳

2023 年 7 月

目　录

第一章　智慧图书馆概述

本章为智慧图书概述，主要就智慧图书馆的内涵与特征、智慧图书馆的框架设计、图书馆建筑的智能化、智慧图书馆的构成要素四个方面展开论述。

第一节　智慧图书馆的内涵与特征

一、智慧图书馆的内涵

（一）不同角度的不同内涵

在“智慧图书馆”概念提出之前，国内有相关学者已对智能图书馆进行过研究。2000 年 6 月，我国学者张洁和李瑾对智能图书馆进行了研究，提出智能图书馆是智能技术应用在图书馆建筑中的产物，也是图书馆建筑与数字图书馆相结合的产物。[①] 持有类似观点的还有我国学者陈鸿鹄，其于 2006 年在《智能图书馆设计思想及结构初探》一文中指出智能图书馆是应用智能技术的现代化建筑，是智能建筑与数字图书馆的有机结合与创新[②]。这些研究基本上将智能图书馆理解为在传统图书馆上应用智能技术的智能建筑。这种表述认识到智能技术对图书馆具有驱动作用，并能不断推动图书馆向前发展，但该表述由于受到时代的限制，仅从图书馆智能建筑的角度进行论述，尚未涉及图书馆服务，也未提到智慧化图书馆建设。

2010 年 7 月份发表的《基于物联网的智慧图书馆》[③]，是国内最早提出“智慧图书馆”概念的学术论文。智慧图书馆采用新一代的信息技术，通过创新读者和

① 张洁，李瑾．智能图书馆 [J]. 图书馆理论与实践，2000（6）：12-13.

② 陈鸿鹄．智能图书馆设计思想及结构初探 [J]. 现代情报，2006（1）：116-118.

③ 严栋．基于物联网的智慧图书馆 [J]. 图书馆学刊，2010，32（7）：8-10.

图书馆系统的交流方式，增强了交流的明确性、灵活性，加快了交流的响应速度，从而实现了图书馆服务和管理的智慧化。图书馆与物联网、云计算和智慧化设备相结合，构成了智慧图书馆，它借助物联网技术来提供智能化的服务和管理。这是我国对智慧图书馆概念的首次系统阐述，掀起了我国智慧图书馆研究的热潮。该文也成为智慧图书馆研究的重要参考文献，目前是智慧图书馆研究领域引用量最高的文献之一。

自“智慧图书馆”概念被提出之后，众多学者进行了大量研究，并提出了各自的见解。这些见解的一个共同点是，智慧图书馆是在数字图书馆的基础上，充分利用现有的信息技术和物联网等新兴技术，通过专业素质高、技能精湛的馆员，提供更智慧、更人性化和更高质量的服务给读者。虽然智慧图书馆是一个备受关注的研究领域，但是它的定义尚未达成共识。研究者从各自的角度出发，基于实际情况，提出了不同的定义。对其归纳整理后，智慧图书馆的定义可被概括为以下几种。

1. 感知论

感知论的研究者强调智慧图书馆应该是可感知的，即能够察觉到智慧图书馆的存在及其提供的服务。一些学者认为智慧图书馆是感知智慧化与管理平台、数字图书馆服务智慧化的综合体，能实现人与人、人与物、物与物之间的直接对话；另一些学者认为，智慧图书馆可以为读者提供全方位的智能服务，如图书馆的各种关键数据能被及时感知与妥当处理，这些关键数据包括图书馆的建筑环境、文献资源、读者和设备资产等。此外，还有几种与之相关且较为盛行的观点：第一种，智慧图书馆是数字图书馆发展到比较高级的一种形态，它能利用包括射频识别（RFID）技术在内的多种智能技术，对分散的各种图书馆要素进行深度感知，并进行系统化服务和管理；第二种，智慧图书馆涉及的要素包括读者、各种形态的馆藏资源、图书馆工作人员和建筑设施等；第三种，人物互联是智慧图书馆建设中最核心的环节，智慧图书馆可在人物互联的基础上，在以 RFID 为代表的物联网环境下，以云计算为基础，结合智慧化设备，为读者提供智慧化服务；第四种，智慧图书馆是感知智慧化和服务智慧化的综合，有学者将其理解为流程化，即先对读者需求的信息进行感知、捕捉和统计分析，再对其提供快速高效的智慧化服务；第五种，智慧图书馆可在无人工干预的状态下，实现图书馆的管理与服务的智慧化。感知论较具有代表性，是我国智慧图书馆研究学者关注较多的一种观点。

2. 智能技术论

智能技术论强调，在智能技术支持下以物联网为基础的设备、系统、流程之间的互联互通。因为智慧图书馆概念本身是由技术发展驱动而来的，所以智能技术论也得到了一些研究学者的关注。一些学者认为智慧图书馆可以主动感知读者需求，提供个性化、智慧化服务和管理，这是数字图书馆发展的最终目标和高级形式；还有一些学者更侧重于智慧图书馆建设中馆员与读者之间的协同感知和创新，认为智慧图书馆是融合技术、馆员、读者、服务与资源为一体的智慧协同体。

3. 人文服务论

人文服务论重点阐述图书馆馆员在利用新技术解决问题方面的主观能动性，突出了人在构建智慧图书馆中的重要作用。有学者认为“智慧”具有以下特征：一是以数字化、网络化、智能化为技术支撑；二是具有互联互通、高效快捷的沟通协调能力；三是追求数字惠民与绿色发展；四是整合集群与协同、服务泛在和跨越时空；五是具有模式创新性和可持续性。

4. 要素论

要素论重点研究构成智慧图书馆的客观事物的存在基础以及维持其产生、发展变化等运动的必要的基本系统单位。目前智慧图书馆主要有“三要素论”和“五要素论”。学者刘丽斌是智慧图书馆“三要素论”的提出者，他认为智慧图书馆由人、资源、空间三种元素组成，其中“人”这个要素处于最核心的位置，“资源”与“空间”两个要素是基本点[①]。在“三要素论”中，技术是基础、服务是灵魂，通过技术改善服务。“五要素论”由学者陈进提出，他认为智慧图书馆应包含资源、服务、技术、馆员和读者五大要素[②]。在资源要素中，智慧图书馆必须做到多元、高效和优质，即为读者提供快、准、好的各种馆藏资源；在服务要素中，智慧图书馆必须做到智能、泛在和感知，即要感知读者需求，并随时提供智慧化服务；在技术要素中，智慧图书馆必须做到精准、智能和快捷，即要通过技术提升服务效率；在馆员要素中，智慧图书馆要做到专业、敬业和创新，即要求馆员利用新技术提供创新性服务；在读者要素中，智慧图书馆要具有使用性、协同性和敏锐性，即确保读者能乐于使用系统与图书馆进行协同互动。

5. 综合论

综合论并不是从单一角度对智慧图书馆进行定义，而是综合考虑了资源、服

① 刘丽斌．智慧图书馆探析 [J]. 图书馆建设，2013（3）：87-89.

② 教育装备采购网．智慧图书馆憧憬 [EB/OL].（2012-06-11）[2023-09-18].https://www.caigou.com.cn/news/20120611118.shtml.

务、技术、物理实体等多种因素。我国资深图书馆学专家初景利教授并未对智慧图书馆做出明确定义，他认为数字图书馆、新型图书馆的核心内涵是智慧图书馆，这也是未来图书馆发展的最高形态，并驱动图书馆向前发展①。某些学者指出，智慧图书馆是一个更加先进的图书馆形态，它在复合图书馆的基础上进行了升级。智慧图书馆利用信息技术以及智能设备，实现图书馆内人员、文献、设备和建筑之间的互联互通，旨在提供各种智能化服务，以满足读者的需求。

通过以上分析可知，我国目前关于智慧图书馆的认识包括感知论、智能技术论、人文服务论、要素论和综合论。这些仅是依据学者对智慧图书馆认识的不同角度进行划分的，而不是以文章发布的先后顺序进行划分的，即我国智慧图书馆的研究并不是经历了从感知论到智能技术论，又到人文服务论、要素论，再到综合论的发展阶段。从文章发布的时间来看，我国对智慧图书馆的研究的确经历了由浅入深、从个体到整体、从局部到综合，以及从致力于智能化建筑实体研究到提供系统化、专业化智慧服务的转变过程。这也是我国智慧图书馆研究范畴不断向外延伸、扩展的见证，涉及的技术与理念不仅越来越先进，而且越来越综合。一般认为，图书馆经历了两次重大转型：一是从传统纸质图书馆向数字化图书馆的发展转型；二是数字图书馆正朝着智慧图书馆转型。目前国内外图书馆正在不断努力向第二阶段转变。

（二）对智慧图书馆定义的修正

随着技术的不断革新，智慧图书馆的定义也应是动态的、与时俱进的，因此，我们对智慧图书馆的定义不能简单地从某个独立的微观层面或单维度出发，而应该结合多因素，从更高的宏观角度出发进行研究和诠释。同时，笔者认为智慧图书馆的定义并不是固定的，由于时代的发展，其定义的正确性应在当下环境中进行分析，而历史上的定义可作为参考。为此，笔者对之前提到的智慧图书馆的定义进行修正，希望能得到图书馆界同人的批评与指正。

笔者认为，智慧图书馆是图书馆馆员通过物联网、人工智能、大数据、云计算等信息技术或智能设备，实现对读者与图书馆所有资源、设施的全面感知和智慧化管理，并向读者提供泛在、高效、便利的智慧化服务的一种图书馆模式。

1. 新定义的诠释

该定义也是智慧图书馆“五要素论”的延伸，明确了技术、读者、馆员、资源和服务等是智慧图书馆的核心要素。信息技术不再仅限于当下流行的移动互联

① 初景利，段美珍．从智能图书馆到智慧图书馆[J]. 国家图书馆学刊，2019，28（1）：3-9.

网技术、RFID技术和物联网技术，还包括现有的人工智能技术、第五代移动通信技术（5G）、云计算技术、大数据技术、区块链技术等新兴技术，以及将来会运用的、未知的、更成熟的技术和设备。读者与资源的全面感知和交互具有很高的明确性，揭示了资源推送的个性化和精准化，体现了智慧图书馆便利的特点，明确提出了智慧服务泛在、高效、便利的特点。智慧服务和管理是这些要素的中枢，是智慧图书馆的关键所在，具有服务效率高效化、服务对象泛在化、服务内容多样化、服务方式智慧化等特点。

2. 本定义与其他学者定义的差异

国内对智慧图书馆的定义众说纷纭、莫衷一是，但从近几年智慧图书馆的定义来看，它们越来越类似，基本内容和框架大体相同。学者普遍认为智慧图书馆是在新时期借助信息处理技术对图书馆中的大量数据进行收集、存储与管理，为读者提供无时间和地域限制的服务。这里所提到的技术范畴是指云计算、物联网、互联网等技术。

智慧图书馆建设的目的是更好地为读者提供服务，因此智慧服务必须是智慧图书馆的核心所在。智慧图书馆的一切技术都应紧紧围绕服务来进行，这也是智慧图书馆的价值。智慧图书馆的建设需要借助当下主流的各种信息技术，这些技术既是手段，也是途径。这些技术的升级能帮助图书馆更好地感知读者现有的需求，挖掘他们潜在的需求，并及时给予回应，从而使智慧图书馆成为由图书馆员的智慧加上物的智能而形成的一种新形态。

结合笔者对智慧图书馆的定义以及国内外其他学者的定义，智慧图书馆的核心是借助先进的信息技术设备，实现图书馆高质量、高效性的智能化管理，构建覆盖所有资源的智慧管理体系。在智慧图书馆的定义中，人的因素越来越重要，这充分体现出以人为本的核心要义，毕竟智慧图书馆建设的出发点与归属点都是人，即为了让馆员更好地为读者服务。智慧图书馆的建设是为了让馆员与读者之间有更好的沟通和协同感知，使馆员的服务更便捷、更专业，读者的阅读体验更好，从而体现阅读服务的智慧化和个性化，让图书馆成为一个可持续发展的场所。

这些智慧图书馆的定义各有侧重，但都离不开信息技术，毕竟技术驱动着人类向前发展，正所谓科学技术是第一生产力。离开了技术，便谈不上智慧图书馆的建设，因此信息技术是智慧图书馆的要素之一，除了技术，资源、服务与管理也是智慧图书馆建设的要素。资源是图书馆赖以生存与发展的基础，也是图书馆历史文化传承作用的体现，没有资源，智慧图书馆就无法发挥其功能；在图书馆中，服务是指馆员向读者提供信息和帮助的过程，这是图书馆的社会价值，且是实现智慧图书馆建设的重要因素；图书馆服务的有效运作需要有一个管理体系，以确保各方面资源、服务得到最佳利用，只有实现了管理的智慧化，才能实现服务的智慧化，因此我国有关智慧图书馆的定义基本上都包含以上几个构成要素。随着科学技术的发展，智慧图书馆所采用的技术也已随之改变，由此带来的服务方式也发生了转变。这是技术发展的结果，也是时代进步的体现。同时，智慧图书馆已经成为现代图书馆的一个重要特征，这是因为随着时代的发展，数字化资源、智能化设备等新技术给图书馆提供了更多的便利，同时智慧图书馆的理论基础正处在不断更新和完善的过程中，渐渐发展成为一个新的科学体系。

3. 对智慧图书馆定义的深度认识

智慧图书馆在不否定现有图书馆形态的基础上，通过应用先进的服务支持技术以及人力、空间等多个因素的不断升级和发展，实现了对传统图书馆形态的全面提升和发展。在当今社会快速发展的背景下，我们必须探讨智慧图书馆的核心问题，这不仅是图书馆自身发展的要求，还是当今社会的现实需求。只有与时俱进、不断推动和引领社会发展的图书馆才能充满活力和生机，并成为智慧之所在。智慧图书馆是虚拟图书馆与实体图书馆的有机结合体，可为读者提供 5A 服务。“虚”可以解释为“无形”的意思，这里的“虚”也可以理解为在虚拟空间中存在、不需要实际的物理载体而只需要通过互联网等数字技术即可访问。因此，读者无须考虑实体图书馆的实际存在和地理位置，可以通过在线图书馆等数字多媒体文献资源进行学习、阅读和查询；“实”在这里的含义是实际存在的，也就是说，智慧图书馆不仅提供数字化服务，还有一个实际的建筑物。这个建筑物可以是新建的，也可以是对现有图书馆的升级改造。物联网通过设备和技术实现感知功能，通过大数据和区块链提供记忆支持，而智能计算则为思考分析与判断功能提供支持。智慧图书馆的初衷和终极目标都是向读者提供智能化服务，这种服务不仅包括人工知识信息服务，还进一步超越了人工知识信息服务的范畴。

建设智慧图书馆并不是要否定现有的图书馆，而是要对其进行升级和改进，以提升其服务水平和效率。智慧图书馆应更好地体现图书馆的基本职能，充分发挥其核心价值。随着时代的发展，技术在不断进步，读者的需求也在不断变化，其对图书馆也提出了更多、更高的要求。传统图书馆无法适应读者需求的变化，发展智慧图书馆就成了必然。智慧图书馆就是利用新技术对整个图书馆的各个环节进行改进与提升。在建筑设施和设备方面，智慧图书馆利用先进的技术使图书馆建筑更加智能，让读者畅游在一个现代化、智能化十足的阅读空间中。在资源建设方面，智慧图书馆能够通过大数据分析了解读者的阅读习惯、挖掘读者的潜在需求，从而对纸质图书与电子资源的采购起到指引作用，比读者需求更早一步掌握服务对接的主动性。在业务管理方面，智慧图书馆通过智能化设备的管理，感知图书馆各种设备的运行状态，实现远程设备调试，并依据人流量的热感应对读者人群进行引导。在读者服务方面，智慧图书馆能提供的帮助相当多：一是通过大数据分析，了解读者需求，并为读者提供个性化信息服务；二是通过地理信息系统和热感应系统将读者需求与馆藏资源位置进行对接，帮助读者快速找到所需资源；三是读者能及时方便地将遇到的问题向系统反馈，与馆员进行无障碍沟通。因此，新兴技术的介入是智慧图书馆建设的前提，确保了智慧图书馆的发展。为读者提供以人为本的服务是智慧图书馆建设的终极目标和核心，也是其不断发展的原动力。

新兴技术的出现对传统图书馆来说是一个好消息，它驱动图书馆朝着更加智慧的方向发展，帮助图书馆抓住读者需求，从而更为精准地满足读者需求。在智慧图书馆出现之前，读者的一些需求即使能被图书馆发现，也没办法被满足。由此可见，智慧图书馆提升了服务水平，更好地传承了历史文化文明，正如一个生长着的有机体一样，实现了图书馆的可持续发展。

二、智慧图书馆的特征

（一）服务智慧化

智慧图书馆的核心特点是服务的智慧化，智慧化服务是智慧图书馆建设的起点和终极目标。如果不能实现服务智慧化，那么智慧图书馆建设将没有任何意义。图书馆的一切建设均应体现“以人为本，读者利益至上”这一图书馆安身立命的原则。这是由图书馆的服务导向所决定的，也是由图书馆的使命与职责所决定的。因此，智慧化是图书馆必备的特性，智慧图书馆能否成功建设的考核因素之一就是其服务的智慧化水平。如果无法体现智慧化服务水平，那么这个智慧图书馆的建设就算失败了。

图书馆的服务智慧化又可以通过一些具体特征来表现，如高效、便捷、协同创新等。高效是指图书馆通过新技术能更快地响应读者的需求，进而缩短读者从发出需求到收到图书馆准确回应的时间差。这里的服务高效化不仅指读者获取信息与服务的速度得到大幅度提升，还指读者需求得到正确回应的概率有所提高。

由于技术的限制，在传统的图书馆服务中，馆员与机器或多或少会对读者的信息理解不到位，导致提供给读者的结果并不是读者想要的；但在智慧图书馆建设中，通过大数据分析、读者用户画像分析等，结合读者的搜索习惯、阅读习惯，馆员与机器能为读者提供匹配度更高的结果。便捷包含两层含义：一是指读者能通过智能设备、互联网等技术便捷地获取信息以及体验图书借阅等服务；二是指馆员能便捷地与读者进行沟通，了解馆内设备的运营情况和藏书分布情况等，从而远程管控图书馆的各项设备与服务。协同创新是指智慧图书馆能够提供传统图书馆所不能提供的服务，进而提升整个图书馆的服务水平，实现服务创新。这种协同创新主要体现在以下几方面：一是单纯依靠技术提供以往不能提供的服务，实现技术上的创新；二是馆员依靠新技术提升个人信息素养、专业素养，从而为读者提供创新性服务，实现服务上的创新；三是通过智慧图书馆平台，馆员与读者协同合作，实现管理、科研与教学等方面的创新。

（二）管理智慧化

智慧图书馆建设在很大程度上将馆员从低技术含量、高重复性的服务中解脱出来，因此有不少人认为，随着技术的发展图书馆不再有存在的必要：一是由于互联网的便利性，读者不用去图书馆就可以获取信息；二是由于技术的快速发展，馆员没有必要存在于图书馆中，如国内外出现了许多无人超市，也有不少无人图书馆。实际上，随着技术的发展，智慧图书馆不需要“人”这个要素是一种错误的观点。虽然许多智能设备能替代人的服务，但这些设备不具有智慧性，更不可能离开人而提供创新性服务。因此，随着智慧图书馆的建设，馆员的角色将发生改变，低技术含量、高重复性的服务可交由智能设备来完成；但提供创新性服务正是其最高价值所在。随着技术的发展，馆员也要提升自我修养和专业素养，紧跟时代发展潮流，运用最新技术对读者进行大数据分析，从而为读者提供主动的个性化服务，实现智慧化管理。智慧图书馆的存在在很大程度上促使图书馆的服务水平得以提升。只有将最新技术与高质量管理相结合，才能真正最大化地体现图书馆服务的智慧化特征。

（三）感知智慧化

感知智慧化的特征相对比较好理解，主要是对整个环境的感知。因为智慧图书馆比数字图书馆多了一个感知层，所以其能通过各种智能终端抓取信息，从而实现监控与服务的对接。智慧图书馆所体现的环境智慧化主要包括以下几个方面：

一是整个图书馆各种设备的智能监控能实时了解其运行状态；二是能为读者提供各种场景的智慧化服务。例如，门禁的人脸识别系统能够让读者不用刷卡就能进入图书馆借阅图书；依据读者用户画像进行个性化信息推送；依据地理位置系统和物联网系统帮助读者快速地找到图书；通过智能机器人进行业务咨询、位置导引；通过3D打印机等各种智能设备来享受创新空间服务；通过热感应系统进行读者人流引导；根据读者位置为其提供不同的信息指引；根据读者人数进行在馆人数统计与控制等。

（四）沟通智慧化

一般图书馆与读者进行沟通的方式有QQ、邮箱、笔记本留言和网络留言本等。除QQ这类即时通信工具外，其他沟通方式的信息反馈相对比较滞后，不能及时解决读者问题。但是QQ这类即时通信工具仅能通过文字、图片等方式进行沟通，难以真正解决读者的问题。智慧图书馆建设下的沟通依赖物联网等多种新技术，在与读者沟通时能够快速直接掌握读者的其他信息，如读者所在位置、最近有过的行为，从而以最快速度了解读者的问题，并给予解决。因此，智慧图书馆沟通智慧化体现在以下几个方面：一是沟通更为流畅、直接，可通过多个平台进行；二是能掌握读者的其他信息，从而更全面地了解问题和解决问题；三是能通过系统远程指导读者解决问题。

第二节　智慧图书馆的框架设计

一、智慧图书馆框架

（一）技术层、系统层、感知层

1.技术层

技术层为智慧图书馆提供技术支持，是组成系统层的技术来源，其主要包括互联网技术、物联网技术、云计算技术、大数据技术、资源整合技术、社交网络技术和移动通信技术。

2.系统层

系统层为智慧图书馆各类应用提供基础的保障系统，所有的应用服务均需通过系统层来实现，其主要包括数据管理层、数据分析层、统一认证系统、移动图书馆、信息共享系统和数据库系统。

3. 感知层

感知层为智慧图书馆运行提供基础数据采集和环境感知，主要包括 RFID 感知、二维码认证、声音感知、光度感知、温度感知、湿度感知、烟雾感知和智能定位。感知层是智慧图书馆的“神经系统”，能够及时地反馈外界数据，以帮助智慧图书馆及时地根据外界变化而做出反应。

（二）数据层与资源层

1. 数据层

数据层提供智慧图书馆所需的各种数据，包括原生数据（图书馆原有的或购买的数据）和再生数据（图书馆各个主体在使用图书馆过程中产生的数据），主要有馆藏结构化数据、馆藏非结构数据、馆外资源数据、用户行为数据、管理行为数据和感知系统数据。

2. 资源层

资源层是智慧图书馆信息资源的核心。它提供各种类型的资源，包括图书、期刊、文献、音像资料等，以满足用户的需求。这里的资料类型涵盖了实体藏品（如印本）、数字藏品（如数字图书馆收藏的数字资源）、在线数据库和来自其他机构或网络的信息资源，还包括数据和研究资料库等学术数据资源。

（三）应用层与服务层

图书馆管理和应用主体可以通过应用层与服务层来实现智慧图书馆的价值，因此应用层与服务层在智慧图书馆管理方面具有至关重要的作用。

1. 应用层

应用层是系统的核心组成部分，负责支持和实施各种应用功能，以提高智慧图书馆的价值和效益。

2. 服务层

服务层是智慧图书馆的终端，主要涉及两个方面：一是参与主体，包括图书馆员、图书馆管理员、校内用户等；二是有关服务平台和终端，包括内网平台、互联网平台等。图书馆虽然是公益机构，但现代图书馆特别是高校图书馆也有些面向用户深度需求的服务，特别是面向系统外用户的深度知识服务，因此，智慧图书馆也会有合作客户。

二、智慧图书馆应用系统建设

应用系统是图书馆的窗口，是直接面向一线服务的平台，是满足智慧图书馆参与主体的应用需求和支撑智慧图书馆各项业务开展的重要保障。智慧图书馆的应用系统应当传承数字图书馆、虚拟图书馆等原有的系统，又应当在技术创新和服务创新的基础上发展新系统、新模式。

（一）智慧感知系统

智慧感知系统是智慧图书馆的核心应用，其利用各类感知技术采集数据，并将这些数据应用到业务运营中，以推动图书馆智慧化的进程。它包括图书馆运行状态感知系统和智慧环境感知系统。

1. 图书馆运行状态感知系统

图书馆运行状态感知系统利用电子显示屏、感应器、电子摄像头、互联网、移动通信网络等软硬件设备来实时监控图书馆运行情况，并及时传递和接收信息，主要包括图书馆人流量信息、读者到馆信息、图书期刊借还信息等。该系统能够根据一定时间内用户使用图书馆资源和服务的信息及时进行计算并做出反应，方便图书馆进行资源建设和读者服务工作的调整。

2. 智慧环境感知系统

智慧环境感知系统主要利用物联网技术对图书馆各个功能空间以及图书馆分馆馆舍空间进行实时环境监控和感知。该系统对包括光照、温度、湿度、烟雾、声音等在内的因素进行监测，及时返回数据，以供图书馆管理中控系统及时对环境变化做出应对。

光照感知是指要及时掌握馆内各个空间日光照射情况，调节光线的进入量。温度感知指时刻了解各个阅览室和馆藏室的温度变化情况，并根据需要进行相应的调整。湿度感知主要用来监测某些特殊的收藏品。智慧图书馆需要在易发生火灾的区域以及重要的文物、馆藏所在场所安装烟雾感知设备，以便能够及时、准确地感知火灾风险，及时采取相应措施，防患于未然。感知声音可以让我们及时地获取环境噪声参数，以便在需要时采取必要的措施应对异常现象。

利用智慧环境感知系统，图书馆可以实现对电力、水资源等的智能化控制。系统可根据光照、室内温度、人数等因素，自动进行智能调节和控制，从而取得节能减耗的效果。同时，通过图书馆运行状态感知系统，可以有效控制威胁图书馆安全事件的发生，以获得智能安防的效果。

（二）智慧资源系统

智慧资源系统是智慧图书馆存在的根本，是智慧图书馆最重要的内容。它包括以下几个子系统。

1. 知识发现系统

知识发现是一种通过多种媒体中的信息来获得知识的方法，其目的是减少原始数据的复杂细节，直接获取数据中有意义、简洁的知识。知识发现系统运用了资源整合、知识挖掘等技术，以整合复杂的异构数据库来达到高效、精准、统一的学术资源搜索目的。该系统能通过分面聚类、知识关联等方法，发现高价值的学术文献，并展示出深度知识挖掘和全方位知识关联的可视化效果。

2. 数字资源定位系统

数字资源定位系统是一种数字化的资源查找系统，即通过借阅终端，用户能够便捷地查询数字资源的分布状况，并根据自己的需求使用不同的数字资源。

3. 统一检索系统

统一检索系统旨在建设一个新的检索平台，向用户提供方便、强大的服务，打造一个拥有高质量用户的个性化图书馆。这个系统需要拥有以下五个特性：与互联网账户实现完美融合，支持微博、QQ、微信等账号快捷登录；增强书评网、网上书店的连通性；定制化的阅读榜单和推荐新书服务；建议读者使用“绿色通道”以获得相关服务的优先处理；可以使用简明易懂的方式推送期刊目录，让读者能够快速了解期刊中包含的内容。

4. 特色资源管理系统

特色资源管理系统通过管理图书馆的种种资源，将其按类别分类并数字化，以建立方便查询、规范管理的特色资源服务系统。此系统将通过云服务平台提供资源对接。特色资源主要指与特定自然景观、艺术作品、创新科技等相关的各种独特资源，且为了让这些特色资源得到更好的共享，会建立相应的资源共享平台。

（三）智慧管理系统

智慧管理系统的应用主体是图书馆管理者和图书馆馆员，智慧管理系统利用各种高新技术结合图书馆发展和自身业务需求，推动图书馆管理的智慧化。主要包括以下几种子系统。

1. RFID 系统

RFID 技术是一种使用无线电信号通信的技术，可以识别并读写特定目标的相关数据，无须使用机械或光学接触方式建立与目标之间的联系。近年来，人们越来越关注构建“物联网”的技术。RFID 技术最初来源于英国，曾在二战期间用于识别敌我飞机的身份，然后在 20 世纪 60 年代开始应用于商业领域。从 2005 年 1 月 1 日开始，美国国防部已经强制要求所有的军需物资必须配备 RFID 标签，以便自动识别并进行管理。从 2006 年开始，美国食品药品监管部门向制药公司提出建议，建议他们使用 RFID 技术对常常会被仿制的药品进行追踪。大型零售商如沃尔玛已经开始使用 RFID 技术，并通过行动掀起了全球 RFID 技术的应用热潮。2000 年，每个 RFID 标签的售价为 1 美元。据许多学者所述，RFID 标签的成本很高，只有在成本下降的情况下才能实现大规模应用。到 2005 年，每个 RFID 标签大约要花费 12 美分，但现在，超高频 RFID 的价格已经降到 10 美分左右。在实现 RFID 的大规模应用时，需要考虑两个方面：一方面，要降低 RFID 标签的成本；另一方面，要评估 RFID 技术所能提供的附加价值。

在当今智慧图书馆建设过程中，RFID 技术是广泛采用的一种技术，是智慧图书馆建设的重要标志之一。综合来看，当前图书馆采用的 RFID 技术正在逐渐进化，被超高频标签取代，此外，难以跳频、存储容量小、设备成本昂贵等问题也得到了处理。此外，采用 RFID 技术还有以下优点：可以方便读者自助借阅图书，从而简化借阅流程；实现自动分拣、自动盘点，并确保货物安全不被盗；根据人们的需要，为应用程序开发富有特点和个性的使用功能，从而充分发挥应用程序的潜力。智慧图书馆建设需要实现 RFID 系统建设，这是非常重要的一步；还需要根据自己的实际需求选择成熟的产品，并确保各个系统之间可以相互连接，以便所采集的数据能在不同的应用系统中得到应用。

2. 二维码

二维码是一种能够将复杂的信息如文字、图片和声音等高效编码的技术，由于其高效性和可靠性，现在已经在很多领域中得到了广泛的应用。在智慧图书馆中，二维码在很多方面被应用：二维码可用来替代身份证等证件进行身份验证，从而实现无证借还；可以提供适当的指引以帮助人们找到正确的特定地点；二维码中包含了书库中每本书的分类和位置信息；将图书内容简介和评论等信息编码成二维码，以方便读者扫描分享；读者可以通过扫描二维码方式获取到图书馆发布的信息；在检索结果页面，可以嵌入电子资源的超链接，或者提供一个二维码，方便用户将资源下载到他们的手机或其他移动设备。此外，在建设智慧图书馆的过程中，可以利用二维码技术来对一些图书和其他馆藏，以及读者证和员工证进行标识。这可以增加数据采集的多样性，同时弥补使用 RFID 等技术的缺点。

3. 智能定位系统

为了让智慧图书馆具备对人员、馆藏和图书馆本身的位置掌控能力，需要依靠一种名为智能定位系统的技术。智能定位系统具有馆内和馆外两种定位方式，其中馆外定位主要采用 GPS 技术，该技术能够感知读者当前的外部位置信息，并借助大数据和云计算技术向读者提供周边图书馆的位置信息，以及全程导航服务；为了方便定位馆内人员和馆藏资源，人员的定位主要使用了 Wi-Fi（无线网络）和 ZigBee（紫蜂，一种应用于短距离和低速率下的无线通信技术）的综合定位技术，采用 Wi-Fi 作为主要定位手段，同时辅以 ZigBee 技术，以此提高定位的准确性。对馆藏资源的定位主要利用 RFID 智能感知技术，智能书架上的感知系统可以感知图书馆藏品上的 RFID 信息，并将信息反馈到图书馆管理系统和读者的移动设备上，这种技术可以实现对馆藏资源的即时定位，提供更加人性化的服务。为了打造更具智慧的图书馆，需要综合应用各类定位技术来为不同用户提供更多有效的服务，以提高图书馆的管理水平和效率。

（四）智慧学习系统

智慧学习系统是一种综合网络学习平台，包括网上教学、辅导、师生交流、作业测试等服务，能够提供教学支持和辅导服务给学生和教师，且实时的和非实时的服务都可提供。智慧学习系统旨在协助系统管理员监管学习内容和实施学习活动，以及记录学生的学习状态和进度。该系统使管理者在设定学习任务以及学习者在掌控学习进程等方面较为便利。

慕课，即“大规模开放的在线课程”，是最近涌现出来的一种在线课程。智慧图书馆用户可以通过网络学习平台在线接受慕课教育，这种模式有利于把其他学校优质的教学资源与图书馆优秀的在线平台结合起来，从而更好地为用户提供服务。

（五）智慧馆员系统

实现智慧图书馆的建设需要馆员兼备各类智能应用系统的专业知识以及处理读者问题的专业能力。智慧图书馆的重点支持系统是智慧馆员系统，它提升了图书馆管理和服务等方面的能力。以下是智慧馆员系统的主要构建内容。

1. 馆员工作站业务系统

馆员工作站业务系统是智慧图书馆的基础系统，它帮助员工进行图书管理，如检查图书信息、清点库存、记录借出等。根据不同图书馆的需要，该系统还可以定制特殊功能。

2. 智慧馆员培训系统

传统馆员需向智慧馆员转型，为此需要开设智慧馆员培训系统。该系统旨在向馆员提供便捷的培训学习平台，满足集体和个人的学习需求，从而实现升级转型。

3. 馆员任务管理系统

一款个性化的馆员任务管理系统能够根据馆员的工作流程进行任务规划并对各项工作任务展开动态管理，从而提升作业管理水平及效率。

4. 馆员综合管理系统

馆员综合管理系统是一个涵盖多个方面的信息系统，包括馆员的考勤、绩效、职务等级以及财务的收入和支出等业务。馆员可以通过该系统自主管理信息以及办理相关业务。

（六）智慧社交系统

信息技术飞速发展，在改变人们的生产方式的同时，也在不断变革人们的生活方式。尤其是在大学生人群中，移动社交软件的应用越来越普遍，学生之间联系的桥梁由以前的打电话、发短信逐渐变为微信等手机应用。强调智慧社交功能是智慧图书馆建设的重要目标，也可满足新一代读者的需求。智慧社群系统坚持创建一种城市空间，在此，读者可以完成学习、社交和娱乐三种活动，同时，融合线上线下的思路，使读者得到全方位的服务。下面列出了智慧社群系统的构建内容。

1. 微信服务平台

图书馆微信服务平台具有实用性和多功能性，逐渐成为沟通图书馆和读者间的桥梁。该平台的主要特点如下：将微信号与借书证号绑定，用户可以通过微信号直接进行图书借阅和场馆预约等操作；使用微信号管理个人图书馆账户可以实时获取各种个人信息；通过微信直接获得电子文献、影音资源等来自图书馆内部和外部的各种资源；可以通过微信支付完成罚款缴纳，以及用微信进行打印和复印，并对使用的费用进行付款；通过微信进行在线预约，获取讲座和影视节目的座位；创建微信群组来满足学科发展的需求。

2. 读者评价系统

读者评价系统可以方便读者互相分享阅读体验和心得，并使用积分奖励那些认真评价的读者，鼓励其积极参与评价活动。

3. 读者荐购系统

读者荐购系统是为了满足读者需求并遵守采购规定而设立的，如果有读者反映好、但尚未采购的图书，可通过此系统荐购。这些荐购会根据实际情况进行安排。

4. 合作客户渠道

这个渠道是为各类合作伙伴服务的，包括出版商、书店、其他图书馆以及其他与图书馆业务往来的机构等。智慧社交系统通过建立一个在线的业务渠道来增强合作，提供技术支持。

（七）智慧服务系统

智慧服务系统是智慧图书馆的关键所在，它包括传统服务的智慧化以及创新服务的应用。同时，该系统也利用了众多新技术，其具有以下几种子系统。

1. 自助服务系统

智慧图书馆的一大特色是提供自助服务，既能让读者更加方便自主地获取所需的服务，又能提高图书馆的服务效率和水平。以下是自助服务的具体项目：自行办理证件手续；用户自主管理书籍的借还；自行使用设备进行文档复制、打印和数字化处理；提供自助式空间预订服务；利用计算机技术和互联网，自主搜索和查找所需的电子资源，如文献、资料等；通过自助方式进行缴费等。

自助服务系统提供各种形式的自助服务，并不断创新，根据实际需求增加新的服务项目，以提高读者的便利程度，同时也能让图书管理员有时间去开展高质量的专业服务。

2. 移动图书馆

移动图书馆利用先进的移动通信网络、互联网、多媒体技术，为读者提供方便、灵活的图书馆服务。借助各种可携带的移动设备（如手机、手持阅读器等），读者可以随时随地查询所需信息，以便一站式地找到纸质图书和电子资源，并通过移动 App 享受图书馆提供的一系列服务。此举旨在给读者创造先进的阅读体验，消除时间、地点和空间的限制。针对移动用户，图书馆要重点改进手机应用的联机公共目录查询系统（OPAC），提供基本检索、书目查询、预约等关键功能，以及提醒用户书籍借阅时间即将到期的功能。

3. 个性化定制服务

个性化定制服务考虑到读者的兴趣、工作性质等因素，为读者提供了定制化服务，服务内容如下：根据读者个性来定制图书推荐；提供个性化订阅数字杂志；

推荐针对个人需求的专业讲座；提供基于个人需求的科技查找服务；提供个性化的影视欣赏定制。智慧服务系统根据读者的需求不断改进个性化定制服务，尝试推出更多的服务项目和模式，以满足读者的实际需求。

4. 特色服务

根据图书馆智慧新馆的需求，提供各种特色服务。

第三节　图书馆建筑的智能化

一、智慧图书馆建筑智能化介绍

从20世纪80年代开始，计算机、信息、电子、控制等技术快速进步，推动了社会的生产力发展，同时也极大地改变了人们的生产和生活方式，智能建筑因此而诞生。智能建筑与信息技术之间存在紧密的联系，这也导致其随着信息技术的发展而不断演进，且智能建筑的定义也在不断变化。因此，在国际上，对智能建筑的定义仍然没有达成一致。例如，在美国、日本、欧洲以及我国，智能建筑被分别定义为某种特定技术、某种构建方式或是某种服务。当前，建筑界普遍认为最好的定义是由美国智能建筑协会提供的：智能建筑指综合优化建筑的结构、系统、服务等，实现高效、高功能性和高舒适度。智能建筑与传统建筑不同，它是一种新型建筑形式。智能建筑通过集成智能化技术，实现对建筑物内部和外部环境的监测和控制，以提高建筑物的安全性、舒适性、能效性和可持续性。相较于传统建筑，智能建筑更为综合、抽象，其独特之处是在室内环境方面应用智能化技术，提倡打造一个既方便、舒适又有益健康的办公环境。中国国家标准《智能建筑设计标准》（GB50314—2015）中对智能建筑的定义如下："它是以建筑物为平台，基于对各类智能化信息的综合应用，集架构、系统、应用、管理及优化组合为一体，具有感知、传输、记忆、推理、判断和决策的综合智慧能力，形成以人、建筑、环境互为协调的整合体，为人们提供安全、高效、便利及可持续发展功能环境的建筑。"

智慧图书馆是一个集成建筑、计算机、楼宇自动化、通信自动化、办公自动化、综合布线系统等功能的高科技产品。它们之间紧密结合，相互协作，是现代社会经济和信息技术快速发展的结果。随着计算机科学和通信网络技术的迅速进步，尤其是全球信息化浪潮的到来，智慧图书馆已成为引人注目的新领域。智能化图书馆或自动化图书馆是通过各种技术集成和统一管理的方式，实现集中监视、控制和管理的功能，其技术基础包括网络、软件界面等，且可利用公共高速通信网络和统一的操作系统来实现。

现阶段智能建筑通常由三部分组成：楼宇自动化系统（BAS）、通信自动化系统（CAS）和办公自动化系统（OAS），通常称为3A。它们是智能化建筑中必须具备的基本功能。目前有些地方的房地产开发公司为了突出某项功能，以提高建筑等级和工程造价，又提出防火监控系统（FAS）和信息管理自动化系统（MAS），形成5A。有的文件又提出保安监控系统（SAS），出现6A智能化建筑，甚至还有提出8A、9A的。但从国际惯例来看，FAS和SAS等均包含在BAS中，MAS已包含在CAS中，通常只采用3A的提法。

智慧图书馆建筑智能化是指利用先进的电子信息技术、计算机技术和通信技术，对图书馆建筑内的设备开展自动化管理，使其实现科学化的信息资源管理和高质量、高效率的信息服务，从而打造现代化的建筑物。智慧图书馆能够对图书馆建筑内的各种机器设备进行智能化程序控制和管理，构成建筑智能化系统，对馆内的温度、湿度、亮度等加以智能调节，为广大读者提供舒适便利的学习环境。随着现代信息技术的迅猛进步，智慧图书馆建设的程度日益提高。

二、智慧图书馆建筑智能化特征

现代智慧图书馆常常具备楼宇自动化、通信自动化、办公自动化、布线综合化等智能化特征。

（一）楼宇自动化

楼宇自动化即集中管理图书馆内的所有机电设备和能源设施，以此进行高度自动化和智能化管理，利用计算机数据、自动计量和控制技术，通过通信网络实现设施之间的信息互换和联动，以实现最优化的设施管理。

（二）通信自动化

通信自动化即建立数字通信网络，连接馆舍各层信息通道，实现语音、数据和图像的传输，确保馆内外信息畅通。

（三）办公自动化

办公自动化即运用现代化技术，如计算机、通信、行为科学等，实现文献管理以及提供办公服务。

（四）布线综合化

在现代智慧图书馆的智能化建设中，实现布线系统的综合化是至关重要的，因为它能保证网络和通信系统正常运行。现代智慧图书馆建筑设计中采用的结构化综合布线系统是一种最先进、富有发展前景和适应性较强的拓扑结构布线方式。

三、智慧图书馆建筑智能化系统

智慧图书馆建筑智能化包括两个方面：一方面是将图书馆内部各项业务数字化，另一方面是将图书馆建筑物本身的管理智能化。这种建设方式不仅要考虑业务需求，还要结合建筑和信息技术打造一个高度集成的计算机网络系统，以实现信息化和智能化的目标。图书馆建筑智能化可以分为三个子系统。

（一）图书馆楼宇自动化系统

图书馆楼宇自动化系统包括消防自动化系统、能源系统、给排水管理系统、停车场管理系统以及电梯管理系统，主要通过网络和软件界面及通信技术等集成的方式实现集中监视、控制和管理。

（二）图书馆业务网络系统

图书馆业务网络系统实质上是一个专业的图书馆办公自动化系统，具体包括多媒体导读子系统（图书馆简介、使用与查询）、信息资源管理子系统（文献采访、文献编目、文献流通、文献典藏、联合目录、缩微平片、磁记录信息光盘库、数据仓库、互联网等）、信息服务子系统（馆内信息检索、联机公共存取目录、联机服务、光盘检索与网上数据服务、公共信息发布等）和读者管理子系统（图书借阅、预约、过期催还、逾期罚款、遗失或损坏赔偿等）。

图书馆业务网络系统还涉及相应的人、财、物与档案等的管理以及图书的清洁消毒、闭架借阅的自动传送等业务。

（三）图书馆通信自动化系统

图书馆通信自动化系统是由多个组件构成的，包括网络集成控制系统、程控交换机等。数据在传输和处理过程中可以包含不同的类型，如文本、图像以及视频等。

四、智慧图书馆建筑智能化设计原则

智慧图书馆建筑智能化的设计通常遵循以下原则。

（一）安全性

安全性包括设备的安全、非理想环境下有效工作及信息传输安全可靠等。

（二）开放性

开放性是指便于馆内外各种信息资源交换与共享。

（三）标准化

标准化是指遵循国家和国际标准及规范。

（四）实用性

智慧图书馆建筑智能化设计在考虑其先进性与超前性的同时，也要适当地考虑经济性，以系统的实用性为首要原则。

（五）经济性

智慧图书馆建筑智能化设计要选用经济指标优化的设备与系统，以保证运行与维护的经济性。

（六）实时性

各系统应实时可靠，保持每天 24 小时连续正常工作。

（七）完整性

智慧图书馆建筑智能化是一个有机的整体，要做到设备齐全、功能完善、工作协调、系统集成简捷。

（八）可扩展性

要适应智能化所应用的技术以及图书馆技术与业务不断向前发展的要求，智慧图书馆的各个系统要有足够的灵活性与可扩展性，扩容、增线、换线等操作应灵活方便。

（九）易维护性

智慧图书馆的维护应操作简单，维护界面清晰，有足够维护空间，维护所需人员少、工作量小，以便节省时间。

第四节　智慧图书馆的构成要素

构成智慧图书馆的要素有馆员、资源、服务、技术和建筑。

一、馆员

智慧图书馆的馆员是智慧图书馆服务的主体，是图书馆活动的主要执行者。图书馆的资源建设、参考咨询、流通阅览、学科服务、技术保障等工作环节都需要由馆员来完成，馆员在智慧图书馆中处于中心环节。本书将在第三章第一节对此进行详细的论述，此处不再赘述。

二、资源

图书馆的资源是图书馆一切工作的前提，是图书馆最核心的“产品”，在图书馆工作中处于重要的地位。智慧图书馆离不开智慧图书馆中所存储的资源，其中包括的众多资源类型共同构成了智慧图书馆的资源体系。

当前智慧图书馆的建设，除要满足用户通过智慧图书馆获取泛在服务的需求外，还应存储一定量的纸质馆藏。这是因为，智慧图书馆虽然依托智慧化的技术构建了智慧化的管理系统和服务系统，能够提供智慧化的服务，但大部分智慧图书馆同时承载着传统图书馆的功能，即搜集和保存人类文化遗产。除此以外，智慧图书馆应不遗余力地去开发数字资源、多媒体资源等，这也是由智慧图书馆的性质和特点所决定的。智慧图书馆中存储的资源主要有印本资源、数字资源、多媒体资源、数据资源和开放存取资源等。

（一）印本资源

智慧图书馆中的印本资源主要包括图书、期刊、报纸、学位论文、特种文献等。其中图书是印本资源的主要组成部分，在馆藏资源中占绝大部分，也是除数字资源外获得资源建设经费最多的资源类型。期刊的时效性较高，一般期刊出版社会定期出版。学术期刊的学术价值比较高，在学术研究中有极高的地位。报纸比期刊的出版频率高，大部分报纸为一天一期，其信息新颖性高，但以新闻性信息为主，也有部分报纸为休闲娱乐类，丰富读者的业余文化生活。大部分高校图书馆具有保存本校学位论文的功能，学位论文具有较高的学术价值，尤其是硕士、博士学位论文，其体现了学生研究生阶段的学术研究水平，一般学位论文会花费

1～3 年的时间来完成。除此以外，一些高校图书馆的印本资源还包括专利文献、标准文献等特种文献，它们也具有较高的收藏价值和学术价值。

1. 图书

图书是一种记录和传播知识的载体，是通过文字或其他符号记录在特定材料上的作品，是人类社会不断演化出的成果，是用来传播知识的一种特定工具。

图书的形式从竹木简牍到今天的各类图书形式，不管其如何变化，只要认真地加以考察和分析，就可以看出它们都具有这样几个要素：①要有被传播的知识信息；②要有记录知识的文字、图像信号；③要有记载文字、图像信号的物质载体；④图书的生产技术和工艺。

图书的类型按学科划分为社会科学图书和自然科学图书；按文种划分为中文图书和外文图书；按用途划分为普通图书和工具书。

与其他出版物相比，图书的特点如下：①内容比较系统、全面、成熟、可靠；②出版周期较长，传递信息速度较慢。

2. 期刊

期刊是由拥有依法设立资质的期刊出版机构负责出版的。在我国，任何单位想要出版期刊，必须先获取新闻出版总署（现称国家新闻出版署）的批准，并且持有国内统一连续出版物号，还需要领取《期刊出版许可证》。期刊分为非正式和正式两类，这是一种广义的分类方式。非正式期刊是指在行业内部交流中被广泛使用的期刊，其发行和内容受到行政部门的审核。虽然非正式期刊在公开上市和销售方面存在限制，但其在行业内部的地位和重要性不容忽视，一些正式期刊也是先从非正式期刊开始的。正式期刊是经过国家新闻出版署和国家科委严格审批，并被编入“国内统刊号”的期刊，其办刊要求较高，需要有一定的实力以及独立的办刊方针。

“国内统刊号”是“国内统一连续出版物号”的缩写，即“CN 号”，它是由新闻出版行政管理机构分配给连续出版物的特定代号。“国际标准连续出版物号”即“ISSN 号”是一种刊物的唯一标识符号，绝大部分期刊会分配一个 ISSN 号码。

3. 报纸

报纸又称报章，是一种印刷出版物，定期向公众发行，主要内容为新闻和时事评论。它承载着许多信息，能够反映和指引社会趋势，是社会接收知识和传播知识的重要途径。

自古以来，人们就通过各种形式的记录来传达信息。公元前 60 年，罗马政治家恺撒（Caesar）使用白木板记录市内和国家发生的事件，让市民得知最新消息，这标志着报纸的诞生，这是世界上历史最悠久的报纸。我国最早的报纸是汉朝时期的邸报。1450 年，德国人谷登堡（Gutenberg）开创出金属活字印刷技术，后来欧洲的印刷报纸便开始流传。1493 年，罗马的报纸报道了哥伦布航海的消息。当时的报纸只有在发生重大事件时才会出版。

1609 年，定期发行报纸的概念首次在德国出现，报纸以周报的形式迅速传播到整个欧洲。1650 年，德国出版了第一份日报，标志着日报的诞生。美国最早的报纸出现在独立前的 1704 年，名为《波士顿新闻通讯》，由波士顿邮局局长出版。在欧洲资产阶级革命时期，报纸已得到普遍流传，深受欧洲各国民众的喜爱、青睐。

19 世纪末到 20 世纪初，报纸得到较大程度的发展，从原来只服务于一小部分人到逐渐成为广大群众的阅读选择。在这个时代，报纸的销售量呈急速增长的趋势，从以前的几万份稳定增长到十几万份、几十万份，甚至上百万份；报纸读者的群体也在不断扩大，不再局限于政界、工商界等上层人士，而是普及到中下层人群。这种新兴传播方式所带来的变化是一种质的提升和飞跃，可以被视作报纸新时代的到来。这一次的“跨越”标志着资本主义已经发展至顶峰。

（1）职能

从不同角度来看报纸的职能可以得出不同的结论。如果从政党机关报的角度来看，报纸的职能如毛泽东所说：“报纸的作用和力量，就在它能使党的纲领路线、方针政策、工作任务和工作方法，最迅速最广泛地同群众见面。”[①] 法国新闻学者贝尔纳·瓦耶纳（Bernard Voyenne）关于报纸职能的概括，可以被各方面接受：主要的报道职能、随之而来的辩论职能（即传播观点的职能）、附带的娱乐职能。

（2）优点

①报纸可随时阅读，比起电视或电台节目，不受时间的限制，信息报道较丰富、全面；

②通过彼此传阅，一份印刷材料可以被多位读者阅读，读者人数最终能够超过印刷的数量；

③随着互联网的普及，电子版报纸的传播范围比传统印刷版报纸的传播范围更广。

（3）缺点

①受编辑制作时间的限制以及出版流程的影响，不能及时更新资讯、信息；

---

① 光明数字报．毛泽东的报纸情结 [EB/OL].（2012-08-14）[2023-09-26].https:/epaper.gmw.cn/wzb/html/2012-08/14/nw.D110000wzb_20120814_2-08.htm?div=-1.

②纸张数量过多会导致携带、传阅变得不方便；

③和电视、电台的影音相比较，图片和文字信息的震撼力和感染力较低；

④容易变脏受污。

4. 学位论文

学位制度起源于欧洲中世纪时期。1180 年，首批神学博士在巴黎大学被授予学位。

使用德语的国家率先创立了学位论文答辩制度，随后其他国家或地区也先后采用了该制度。一般情况下，答辩通过的学位论文都是作者通过深入研究得出的独创性成果，足以展现其专业研究能力。因为不同国家的教育系统规定的学位级别不同，所以学位论文也相应地被分为学士、硕士（或副博士）、博士三个级别。博士学位论文被认为是具有较高学术价值的科研成果之一。在 20 世纪后半期，全球每年约有 10 万篇硕士论文和博士论文被撰写。

大多数学位论文不会公开发行，而是仅保留一份复印件在授予学位的大学图书馆中以供阅读和复印使用，只有极少数的学位论文在答辩通过后会被发表或出版。为了充分利用学位论文的参考价值，一些国家的大学图书馆会将它们制造为缩微胶卷，并将它们编成目录和索引，形成学位论文数据资源库。还有一些国家的学位论文集中存储在特定机构，如英国的不列颠图书馆，这些论文不会外借，只提供原始缩微胶片文本；日本的大学毕业论文也被纳入日本国家图书馆的统一管理范畴。1938 年，美国的大学缩微胶卷公司开始编纂《国际学位论文文摘》月刊。这份月刊被分成 A、B、C 三个辑：A 辑是人文领域和社会科学领域的文章；B 辑则关注科学与工程领域的文章；而 C 辑则关注欧洲学位论文，是季刊。在 1973 年，这家公司出版了一本名为《学位论文综合索引》的书，它涵盖了 1861 年至 1972 年年间美国、加拿大和其他一些国家或地区的 400 所大学的 41.7 万篇博士论文，读者可以根据论文的主题和作者姓名进行搜索。

学位论文是一种为了符合学位要求，通过撰写和提交一篇论文来获得学位的学术写作形式。根据所申请的学位不同，学位论文可被划分为三类，包括博士论文、硕士论文、学士论文。

高等学校和科学研究机构的研究生，或具有研究生毕业同等学力的人才，通过博士学位的课程考试和论文答辩，成绩合格，达到下述学术水平者，授予博士学位。

①在该学科领域内，拥有稳固广泛的基础理论知识和成熟的专业知识体系；

②能够独立进行学科研究；

③在学术或专业领域内具有创造性的成就。

高等学校和科学研究机构的研究生，或具有研究生毕业同等学力的人员，通过硕士学位的课程考试和论文答辩，成绩合格，达到下述学术水平者，授予硕士学位。

①在该领域内积累扎实且广泛的基础知识，以及系统而深入的专业技能；

②具备独自开展学术研究的能力；

③在科学或专业技能领域内创造了有创意的成果。

符合以下学术标准并优异完成本科学业的高等教育毕业生将被授予学士学位。

①熟练掌握本学科的基本理论、专业知识和基本技能；

②具有进行科学研究或从事专门技术工作的基本实力。

学位论文可以根据不同的研究方法分为理论型、实验型、描述型三类，理论型论文主要通过理论证明和数学推理等研究方法来获得科研成果；实验型论文通过实验方法进行研究，且取得研究成果；描述型论文是一种通过描述、比较和说明等方法，探究新发现的事物或现象，从而获得科研成果的文体。

学位论文也可根据不同的研究领域划分为人文科学学术论文、自然科学学术论文与工程技术学术论文三类。这三类论文都具有相似的文本结构和长期的参考价值。

5. 特种文献

特种文献是指出版发行和获取途径都比较特殊的科技文献，特种文献一般包括会议文献、科技报告、专利文献、学位论文、标准文献、科技档案、政府出版物七大类。特种文献特色鲜明、内容广泛、数量庞大、参考价值高，是非常重要的信息源。就高校图书馆而言，其收藏的特种文献一般有会议文献和专利文献。

会议文献指在学术会议上宣读或交流的论文及其他资料。会议结束后，通常会将这些会议文献结集出版，如会议录，会议论文集，会议论文汇编等。

狭义的专利文献指由专利部门出版的各种专利出版物，如专利说明书、权利要求书；广义的专利文献还包括说明书摘要、专利公报以及各种检索工具书、与专利有关的法律文件等。

（二）数字资源

数字资源是由计算机技术、通信技术、多媒体技术相互交织而形成的信息资源，以数字形式发布、存储、检索和利用。这些资源包括各种文献信息的数字形式，是许多领域内信息传递、信息共享的重要手段。从数据的组织形式上看，有数据库、电子期刊、电子图书、网页信息等多种类型。本部分内容本书将在第三章第二节进行详细的论述，此处不再赘述。

（三）多媒体资源

在计算机行业里，媒体有两层含义：一是指数据传输的物理介质，如语言、文字、图片、视频等；二是指信息存储的方式或形式，如 ROM、RAM、磁带等，目前，主要的载体通常包括 CD-ROM、网页等。近年来，多媒体技术是一种新兴产业，得到了迅速发展和改进。

准确来讲，多媒体资源并不是一个独立的资源类型，而是一个涵盖了多种媒体资源的总称。通常会包括来自多个媒介的信息，如文字、音频、图像等。在计算机系统中，多媒体是将图片、音频、视频等多种媒体形式连接起来，以实现信息传递、信息交流的一种媒介。其可以利用各种类型的资料，如文字、图像、声音等多媒体资源以及具备的互动功能来呈现内容。

超媒体系统指使用超链接组成的全球信息系统，其中，多媒体是其子集。全球信息系统使用 TCP/IP 协议和 UDP/IP 协议的应用系统，将各类信息连接在一起。HTML、XML 等语言被用来编写二维多媒体网页，而 VRML 等语言则用来编写三维多媒体网页。在 20 世纪中后期，大部分的多媒体作品使用光盘发行，进入 21 世纪后，多媒体产品更多地通过网络发行。

（四）数据资源

数据是描述客观事实或观测结果的信息，用来表示未经处理的素材，数据可以是离散的值，如符号、文字等，这些数据称为数字数据。数字数据也可以是连续的，如声音、图像，称为模拟数据。计算机使用二进制信息单元 0 和 1 来表示数据。

信息和数据有相互关联的方面，但又有明显的差别。信息以数字、字符、符号、图像等多种形式表现并传递，而数据则是信息的一种载体和表达方式。数据和信息是密不可分的，通过数据能够生动地呈现出信息。数据是符号，具有物理性，信息通过对数据加工和解释能够帮助人们做出决策或行动，信息是从数据中提取出来的有用内容，在传递和应用中具有意义和价值，而数据则是收集、记录和存储信息的基础，两者相辅相成。数据是第一手的信息来源，只有通过对数据的解读，才能够获得更丰富、更有用的信息。

数据这一表现形式还不能完全表达其内容，需要经过解释，数据和关于数据的解释是不可分的。例如，93是一个数据，它可以是一个同学某门课的成绩，也可以是某个人的体重，还可以是计算机系2013级的学生人数。数据的解释是指对数据含义的说明，数据的含义称为数据的语义，数据与其语义是不可分的。

对数据的分类，可以按性质、表现形式和记录方式三种标准划分。

1. 按性质划分

①定位数据，如各种坐标数据；

②定性数据，如表示事物属性的数据（居民地、河流、道路等）；

③定量数据，反映事物数量特征的数据，如长度、面积、体积等几何量或重量、速度等物理量；

④定时数据，反映事物时间特性的数据，如年、月、日、时、分、秒等。

2. 按表现形式划分

①数字数据，如各种统计或测量数据。数字数据在某个区间内是离散的值。

②模拟数据，由连续函数组成，是指在某个区间连续变化的物理量，又可以分为图形数据（如点、线、面）、符号数据、文字数据和图像数据等，如声音的大小数据和温度的变化数据等。

3. 按记录方式划分

数据按记录方式划分可分为地图、表格、影像、磁带、纸带。在地理信息系统中，数据的选择、类型、数量、采集方法、详细程度、可信度等，取决于系统应用目标、功能、结构和数据处理管理与分析的要求。

除以上几种分类方式外，数据还可分为结构化数据、非结构化数据和半结构化数据。结构化数据简单来说就是数据库。结合到典型场景中更容易理解，如ERP、企业财务系统、医疗HIS数据库、教育一卡通、政府行政审批、其他核心数据库等。这些应用需要哪些存储方案呢？基本包括高速存储应用需求、数据备份需求、数据共享需求以及数据容灾需求。结构化数据即行数据，存储在数据库里，可以用二维表结构来逻辑表达实现的数据。

非结构化数据库指的是其字段长度可以灵活变换，并且每个字段的记录又可以由可重复或不可重复的子字段构成的数据库，它不仅可以处理结构化数据（如数字、符号等信息），而且更适合处理非结构化数据（全文文本、图像、声音、影视、超媒体等信息）。这种数据库处理非结构化信息的能力比传统关系型数据库更加强大，因为它支持重复字段、子字段和变长字段，并可以对这些数据进行处理和变长存储管理。另外，非结构化WEB数据库是一种特殊的非结构化数据库，它主要用于处理网站上的非结构化数据，如全文信息和各种多媒体信息。相比常见的关系型数据库，非结构化 WEB 数据库能够更好地应对这些非结构化数据的处理需求。非结构化数据的格式包括文本、图片、XML、HTML 等。

半结构化数据就是介于完全结构化数据（如关系型数据库、面向对象数据库中的数据）和完全无结构的数据（如声音、图像文件等）之间的数据，HTML 文档就属于半结构化数据。它一般是自描述的，数据的结构和内容混在一起，没有明显区分。

（五）开放存取资源

开放存取（OA）是一个旨在解决学术期刊出版危机问题和推动科研成果自由传播的国际运动，得到了科技界、学术界、出版界和信息传播界的支持。其核心目的是促进学术信息的交流、出版、利用，提高科研成果的公共可观性和可用性，且延长科学信息的保留期限、加强科学信息共享。

1. 开放存取资源的内涵

开放存取资源指的是一种新型的学术交流方式，在网络环境下被广泛采用。也被称作“公开获取”“开放获取”，它允许用户在不支付费用的情况下访问和使用相关资源。布达佩斯开放存取计划（BOAI）对开放存取的定义是，对一篇文献提供多种不同的级别种类、范围更广、更易操作的存取方法，而且存在不同的政策和权限，如果用户可以通过公共网络免费阅读、下载并检索作品，或者通过全文链接、索引或数据传递等方式进行其他合法用途，则该文献就是开放存取的。这里所描述的使用方式并无经济、法律或技术方面的限制，只要网络连接稳定，即可使用，但是使用时需要保证作品的完整，必须注明相关引用信息。开放存取包括两层含义：一是学术信息免费开放，它打破了价格障碍；二是学术信息的可访问性，它消除了使用上的限制。开放存取的初衷是促进学术信息的普及和共享，鼓励通过互联网进行学术交流，让世界各国研究人员平等地利用科技文化成果。

2. 开放存取资源的两种实现形式

目前，开放存取出版模式的探索已经在美国和欧洲国家取得了一些进展，有两个主要方式可以实现学术信息的开放存取：开放存取期刊和开放存取仓储。

（1）开放存取期刊

同传统期刊一样，开放存取期刊同样会经过严格的同行评审确保文献的质量，但不同的是，读者可以免费获取期刊内的论文，为受众提供免费阅读体验。开放存取期刊和传统印本期刊相比，主要使用网络出版、传播，因此出版成本和传播成本降低，运营模式为“作者或机构支付费用，读者可以免费使用”。它对重新构建以研究人员为核心的学术交流体系起到了重大的促进作用。此外，传统的文摘索引服务提供商开始认可开放存取期刊并将其纳入收录范围。

（2）开放存取仓储

开放存取仓储可以用来存储各种学术研究材料，如学术论文、实验数据等。在开放存取仓储中，通常不会对提交的论文进行内容上的实质性评审，而是要求论文符合特定格式。开放存取仓储可分为按学科划分和按机构划分两类。学科仓储是为某些学科提供服务，旨在促进资料共享和使用，这些仓储在各自领域的参与度很高，目前包括经济学、数学和物理学等学科领域。arXiv 电子印本文档库是全球知名的学术知识库，代表着领域知识的存储和分享。很多知名的大学宣布将采用开放出版模式来发布研究成果，以供人们自由使用，如美国康乃尔大学的欧几里得（Euclid）、加州大学的 eScholarship 机构等数字化知识库。其中一个典型的机构仓储就是佛罗里达州立大学的 D–Scholarship。

三、服务

服务是图书馆工作的主要部分，是图书馆存在的根本价值，为用户提供服务是智慧图书馆最重要的工作。智慧图书馆的服务主要包括借阅服务、参考咨询服务、用户驱动的获取与服务、学科化服务和情报研究服务等。

四、技术

技术是智慧图书馆的基础，是支撑智慧图书馆各个系统的“灵魂”。下面主要就人工智能技术、物联网技术、5G 技术、区块链技术等进行论述。

（一）人工智能技术

1. 政府政策

人工智能概念最早出现于 1956 年，其出现标志着人工智能学科正式诞生。人工智能其实是计算机科学的一个分支学科，主要研究如何让计算机模拟人的思维过程和智能动作、让计算机去做只有人能做的事情。人工智能技术已经成为当前三大尖端技术之一。我国政府也非常重视人工智能技术，于 2019 年将人工智能的相关立法项目纳入立法规划。2020 年我国更是集中出台了很多政策，发布了《关于“双一流”建设高校促进学科融合加快人工智能领域研究生培养的若干意见》等 4 个相关文件。国内许多高校纷纷整合资源，组建人工智能院系或研究机构，培养人工智能领域的专业人才。这些政策中有教育部、科技部、工业和信息化部等多方参与，说明我国各部委已认识到人工智能技术的重要性，陆续从各自职能角度推出相应的支持政策，帮助我国人工智能在与外国的竞争中实现弯道超车。

2. 人工智能技术带来的机遇

目前人工智能技术已经在很多领域得到广泛应用，如人脸识别、智能搜索、智能推荐、机器视觉、自动驾驶等。人工智能技术在图书馆服务领域也有很多应用，为图书馆服务带来了发展机遇。智慧城市建设让人们的工作、学习、生活越来越方便，人们也越来越依赖智能化的社会。随着人工智能技术的普及，人们希望这些技术能够在图书馆中得到应用，这也是读者对图书馆的技术期待。图书馆只有跟上技术发展的步伐，才能满足读者随时代发展而不断变化的需求。当人工智能技术在图书馆中的应用早于在社会上的普及时，就能取得技术引领和科普的效果。这不仅能给忠实读者带来惊喜的阅读服务体验，还能吸引一些科技迷及追求新鲜事物的潜在读者，因此人工智能技术给图书馆带来的不仅是技术，还有读者。除此之外，人工智能技术还给图书馆带来许多转变，使文献交流更方便、信息传播更快捷、信息存储量更多等。人工智能技术为图书馆带来了无限可能，激发了图书馆的潜能，也为图书馆带来了重大的发展机遇。

3. 人工智能技术为读者提供异地阅读服务

人工智能技术可以实现异地阅读服务，主要是通过以下几种方式实现的。移动阅读：利用移动互联网技术，读者可以在任何地方通过手机或其他移动设备访问图书馆的电子资源。智能推送：通过分析读者的阅读习惯和兴趣，图书馆可以向读者推送相关的阅读材料。虚拟现实：一些图书馆已经开始使用虚拟现实技术，如斯坦福大学图书馆和北卡罗来纳大学图书馆，他们举办了各种活动，如读者沙龙、阅读讨论会等，以此提高阅读趣味性。

江西省图书馆和西宁市图书馆都致力于提升智慧化服务能力，以满足读者需求为导向，充分利用现代信息技术，推出了数字化、智能化、智慧化的服务。

江西省图书馆建设了图书馆大数据平台、图书馆服务数据智慧墙，可以提供智能书架服务、智能分拣服务、“无感借还”智慧流通服务、图书馆智能推荐服务、智慧阅读空间服务等。这些平台和服务能够实现移动阅读，让读者随时随地访问图书馆的电子资源，还能利用大数据分析读者的阅读习惯和兴趣，进行智能推送。通过这些创新服务，江西省图书馆提升了阅读的趣味性。

西宁市图书馆则利用移动互联网、物联网、5G、人工智能等技术，提供了手机借阅、智能推送、智能导引等服务。这些服务与现代信息技术的结合使读者能够更方便快捷地借阅图书，同时通过智能推送得到个性化的阅读材料。智能导引服务可以帮助读者找到他们需要的阅读材料或服务，提高了服务的效率和读者的满意度。

江西省图书馆和西宁市图书馆的这些创新举措，都以读者为中心，利用现代信息技术提供了更智能化、个性化的服务，使读者能够享受到智慧服务的便利、快捷和乐趣。

（二）物联网技术

1. 物联网的概念

物联网最早的雏形为1985年美国可口可乐公司在自动售卖机上所实现的互联网连接设备。同年，彼得·刘易斯（Peter Lewis）首次提出“物联网”概念，认为物联网将人、流程、技术及可连接设备集成化，从而实现了对设备的远程监控、操纵和趋势评估等。1999年，宝洁公司的凯文·阿什顿（Kevin Ashton）认为物联网必须使用RFID技术，只有将短距离收发器嵌入生活用品才能实现人与物、物与物的直接通信。经过几十年的发展，目前物联网技术已经广泛应用到医疗保健、运输、智能家居、制造业、能源管理和环境监测等多个领域。从物联网的定义可知，其包含两层含义：一是实现人与物之间的联系，能够远程对物进行监控和操纵；二是实现物与物之间的联系，能让物与物之间进行交流、协同运作，并将这些状态展现在互联网上。要实现物联网，就必须在设备上嵌入各种智能设备，如RFID、定位系统等，从而使其可以接收人发出的指令。物联网从本质上看是泛在网络协同工作的一种延伸，但物联网也存在不少隐患，如平台碎片化、隐私和安全问题等。

2. 物联网的特点

一般而言，物联网技术包括传感设备、网络传输及应用控制三个层次，从而表现出泛在感知、可靠传输和智能化处理等特征。

泛在感知：又叫全面感知。因为在设备上嵌入了RFID等各种感知设备，所以才能对技术范围内的信息进行获取与识别。信息获取与识别是物联网的前提条件，只有获得这些信息，才能进行后续传输和指令执行。

可靠传输：一般而言，物联网是通过互联网进行信息传输的，能将感知设备识别与记录的信息通过互联网传输给用户。互联网传输一般包括无线传输和有线传输。

智能化处理：通过云计算和大数据技术对随时接收到的跨地域、跨行业的多源海量信息进行智能化分析，从而为决策者提供重要依据。许多图书馆通过RFID技术实现了对馆藏纸质图书的智慧管理，这也是物联网技术在图书馆中使用的范例之一。

（三）5G技术

1.5G的概念

5G又称第五代移动通信技术，是1G、2G、3G、4G之后的最新移动通信技术。我国5G在全球处于领先地位，受到以美国为代表的欧美国家的压制，因为在5G之前，欧美发达国家在移动通信领域一直处于绝对的领先地位，我国只能跟随他们的技术标准。5G不仅能实现人与人之间的联系，还能实现人与物的连接，且几乎囊括了所有的人与物的连接。5G具有数据传输快、延迟超低、可靠、网络容量超大、可用性更高等特点。欧盟于2013年推出5G的研究计划，我国也于同年启动5G的研发工作。我国于2018年开始进行5G试点，同时公布了12个试点城市。深圳成为我国首个5G全覆盖的城市，目前5G基站已经在国内大中小城市全面开通。我国5G用户数量达到3.5亿，居世界第一。5G已经被应用到工业、自动驾驶、能源、教育、医疗、文旅、金融和智慧城市等领域。5G也被应用于图书馆，国内不少图书馆已经开通了5G服务，中国国家图书馆、株洲市图书馆等已经在使用5G，助力传统图书馆向智慧图书馆迈进。

2.5G对图书馆智慧服务变革的影响

（1）给智能核心技术带来变革性的影响

5G是2G、3G、4G的延伸，能够满足当下比较流行的无人驾驶和智慧制造等行业的需求，已经被广泛应用于这些行业中，并在产业融合方面具有较大的发展空间，对全球经济与技术发展起着重要的推动作用。5G在第二阶段中的标准是达到20Gbit/s的速率，还要具备大容量多进多出系统和宽信道带宽，因此被国际电信联盟选为第五代移动通信技术。5G的发展在一定程度上推动着智能互联网的快速发展，特别是对无线传感网络、知识网络及物联网的发展起着重要的促进作用。5G推动着各个领域海量数据的涌现，也促使各种智能平台的快速研发与推广。在以5G、移动边缘计算等为代表的多元信息技术的驱动下，人类在技术上实现了较大的突破，能对技术资源进行灵活配置、对神经网络进行深度学习、对各种智能设备进行远程监控。通过高清摄像头进行各种空间信息的动态采集与传输，促使智慧城市、无人驾驶等多个应用场景变成现实，使智能技术真正落地，造福人类。因5G能够大幅度扩大信息传播范围，故其成为读者获取高质量信息不可或缺的渠道。泛在知识环境下交互式网络资源共享平台的建设离不开5G的支持，同时5G为智慧图书馆建设中硬件空间的再造、信息呈现方式的提升等提供了技术支持，也为给读者营造智慧生态场景及其深度融合的情感感知提供了重要基础。

（2）给资源组织模式带来变革性的影响

由于5G具有“双高一低”的特点，它成为各种设备连接的重要的宽信道带宽媒介，特别是超级设备之间的连接。智慧图书馆背景下的智能信息通信技术是以知识流和算力共享为目标的。智慧图书馆拥有多种多源异构的数据资源，这些资源由原来的被动获取向主动感知转变，从而能够基于智慧平台向读者进行智慧推荐，充分发挥数据与资源的价值，体现出智慧图书馆的智慧性。通过人工智能、大数据可视化等多种技术，智慧图书馆能够对拥有的多源异构和异源异构的数据进行收集、分析和索引，从而对数据进行综合管理。智慧图书馆通过对这些数据进行各种技术处理的支持，帮助读者对这些数据进行自动获取与组织，从而提高数据的分析利用率。这也是智慧图书馆的基础功能之一，为读者带来了全新的智能体验，使读者可同时开展多种业务。

（3）给信息传输方式带来变革性的影响

5G对图书馆信息传输方式带来了变革性的影响。由于5G在信息传输方面具有多天线和高频高速的特点，因此其在云数据传输方面具有相当的优势，为虚实相融合的空间共享建设提供了良好的技术基础，从而拓宽了在信息传输时空场景方面的应用范围，实现了万物互联。5G在支持组播技术等方面也具有很强的优越性，能够为智慧图书馆的发展带来创新突破，支持图书馆各种融媒体进行云端课堂教学及多媒体文化推广，为读者带来良好的网络冲浪体验。5G为智慧图书馆中的各种读者活动、超高清会议直播、影视服务与艺术展览等提供了可能，也为当下流行的图书馆直播带来了机会。

（4）给通信终端带来变革性的影响

随着5G、云计算及人工智能的发展，读者在智慧图书馆中所使用的通信终端也将越来越多元化。在面向读者的服务中，通信终端的所有权与使用权是分离的，具体表现为其所有权在图书馆，而使用权在读者。这种分离状态在一定程度上最终将改变读者的智能终端的使用行为。具体而言，在智慧图书馆中，可加大5G在主题展览、教育教学等场景中的应用力度，并努力做好5G在知识共享、资源导航、个性化推荐等方面的应用，从而实现多个智能终端之间的协同发展。当智慧图书馆中的所有智能终端都能够支持 5G 等技术时，全息交互甚至元宇宙时代就将到来，这也为图书馆的未来发展带来了无限可能。

（5）给数据应用平台带来变革性的影响

未来智慧图书馆所支持的技术将与当下有所不同，主要体现在：未来智慧图书馆的技术特征以 C-RAN 和 EMC 为代表，其中 C-RAN 是指云无线接入网，而 EMC 是指移动边缘计算，当下仍以有线接入网为主。未来智慧图书馆集成云平台会取代当下流行的 App，这将成为重要的知识集成与信息组织模式。在未来智慧图书馆中，当下常用的书目管理系统、智慧服务平台等必须支持 5G 的服务端口，才能接入智慧图书馆系统，持续为读者提供服务，让读者体验到智能服务。

（6）给智能空间服务带来变革性的影响

数字孪生技术下的孪生图书馆是虚拟与现实融合交互的结果，其在一定程度上与智慧图书馆有着千丝万缕的联系。随着 5G、人工智能等技术的发展，智慧图书馆也将向着虚拟与现实相融合的方向发展，为其向泛在智慧知识空间方向发展奠定基础。在智慧图书馆建设中，图书馆将成为高效快捷、高水平的知识服务中心，可与相关部门或院系共享教学与科研等方面的数据，并对这些数据进行归纳、整理，然后依据读者需要提供数字资源、科研数据等，使馆员、读者、数字资源、设备和物理空间等进行深度融合。

由于 5G 具有容量大和功率低的优势，智慧图书馆内所有智能设备均可以实时在线运行，实现对馆内所有智能设备的实时监控，以及对采光、温度、湿度等指标的监控和调节，同时 5G 也为智慧图书馆提供了人流控制、安全预警、绿色节能与读者导航等服务。在 5G、数字孪生等技术的支持下，智慧图书馆可为读者创建虚实融合的虚拟体验馆，让读者沉浸其中，体验沉浸式阅读、学科咨询与虚拟教学等服务。

3. 在智慧图书馆中 5G 技术的实践

5G 是当前国内外最先进的智能技术之一，极大地改善了用户体验。5G 为图书馆的信息获取、信息储存、信息传播等带来了很大的改变。结合图书馆业务，笔者认为 5G 在图书馆中有以下应用场景。

（1）无感入馆和图书借阅服务

人脸识别已经被很多图书馆应用。读者在进入图书馆时只需要站在人脸识别机器前，机器便可以获取读者的信息，测量读者的体温等，只有符合设定条件的读者方可入馆。采用 5G 实现的人与物的连接，快速高效，人脸识别一般在 1 秒左右就可以完成。读者无须携带身份证或读者证，刷脸即可入馆，非常方便。

读者入馆后，其信息通过 5G 连入图书馆网络，读者可以通过智慧数据大屏、智能书架、基于位置的语音导引或智能机器人等技术方便地获取图书，还可以在自助借还机上完成借还手续。与传统图书馆相比，5G 支持下的智慧图书馆可以让读者深刻地感受到高科技、高效率。

（2）读者基于位置的导引服务

图书馆借助定位技术、无线连接技术等准确了解读者的位置信息，再结合图书馆的物理框架位置系统，为读者提供精确的导引服务。读者通过自己的手机搜索相关图书后可查询到该书的物理位置，之后由图书馆将读者导引到该书的位置。同时，图书馆还可以根据读者所在的区域，向读者提供其所在区域定制的语音、视频或其他形式的服务介绍、资源推荐等温馨服务。这在应用 5G 之前是很难做到的，需要基于 5G 精确位置定位技术和超快信息沟通能力才能实现。

（3）超清晰的影视与直播服务

超高清是 5G 最为直观的应用特点之一。5G 具有更快的数据速率、更低的延迟和每比特成本低的特点，因此其在沉浸式体验方面表现优异，如增强现实（AR）服务和虚拟现实（VR）服务。在智慧图书馆中，图书馆可向读者提供沉浸式服务，让读者感受新科技。

在 5G 的支撑下，图书馆还可以直播的方式与读者进行互动。由于 5G 具有缩减数据速率、功率和移动性无缝连接等特点，所以能实时与读者进行互动，且画面清晰。当前，我国的短视频得到了快速的发展，国内也有不少图书馆通过抖音等平台向读者提供短视频服务。目前有浙江图书馆、杭州图书馆、上海图书馆等通过抖音、微信公众号等平台向读者提供网络直播服务。在 5G 支持下，图书馆网络直播将成为常态。

（4）智慧书房

智慧书房以自助实体图书馆为基础，依靠最先进的信息技术、RFID 技术，在 5G 的支持下，将馆内的各种相关设备与读者的智能手机等进行连接，从而为读者提供不限时的、无值守的、全开放的图书馆服务。目前智慧书房已经在国内经济发达地区得到了快速的推进，如广州、深圳等经济发达地区已经建设了很多智慧书房，并在志愿者的帮助下推出了许多活动，得到了市民的赞赏。

（5）智慧场馆

智慧书房其实是智慧场馆的一种存在形式。智慧场馆借助 5G 的大规模物联网技术、增强移动宽带和关键任务通信，将馆内的各种设备、业务系统与馆员、读者进行连接，从而感知、分析和整合图书馆服务，给读者带来更好的服务体验。

（6）云课堂

图书馆一般都有会议室，能为读者提供各种类型的讲座、培训等业务。特别是在一年一度的读书月活动中，通过5G，图书馆可对各种活动进行现场直播，同时在线录制并保存。图书馆提供的讲座既可以以在线的形式呈现，也可以是本馆自行发起的或者邀请相关领域专家所开展的现场讲座。5G的无延时、超宽带高速传输等特性可实现图书馆与读者之间的实时互动，为图书馆云课堂服务提供技术支持。5G较好地解决了之前出现的互动体验不好、画面不够清晰、传输延时等问题。

（7）精准推送

5G能通过人脸识别等技术获取读者信息，再通过大数据技术抓取读者的数据库检索信息、浏览习惯、停留时间、专业背景等个人信息，从而精准了解读者的信息需求。当读者在进行图书检索或问题咨询时，图书馆可依靠5G来获取其信息，从而为读者提供感兴趣的图书、活动和服务等，以缩短读者提问与获取答案的时间，提高读者的阅读效率。

（8）机器人服务

5G的增强移动宽带、高可靠低时延通信和海量机器类通信三大特征为图书馆在机器人的使用方面提供了很好的技术支持。目前应用在图书馆中的机器人可分为虚拟机器人和实体机器人。虚拟机器人在图书馆中主要是应用在网络参考咨询服务方面；实体机器人在图书馆中的应用领域较多，可为读者解答问题、办理业务以及指引读者获取图书、服务等。同时，图书馆中的机器人还可应用在纸质图书盘点、图书获取、图书上架等多个业务领域。图书馆中的机器人可以进行重复性强、精确度高的业务工作。

（9）智能安防监控

智能安防是图书馆管理环节中非常重要的一环。所谓安全无小事，保障安全是头等大事，是所有图书馆工作的前提。图书馆属于人流密集场所，因此确保图书馆各种设备与读者的安全显得尤为重要。在5G的支持下，图书馆通过将摄像系统、热感知系统、人流监测系统、警报系统等多系统相连，实时监测各种智能设备的运行状态，对发现的问题或潜在的问题进行自动报警或预警，从而做好安防工作。例如，通过监控抓取读者人脸信息，与安防设备与公安系统登记的在逃人员或重点关注人员的信息进行自动比对，通过预警机制排除潜在的暴力或恐怖危险；对读者的吸烟行为进行自动抓取与提醒，以便及时排除消防隐患。智能安防监控对馆内各种设备的智能监控减轻了馆员巡查的压力，增强了智能设备运行的准确性与反应的及时性。

（四）区块链技术

1. 区块链的起源

人们提到区块链就会想起中本聪（Satoshi Nakamoto），他于2008年最先提出比特币的概念，并于2009年发布首个比特币软件。随着近几年比特币价格的快速增长，人们对以比特币为代表的虚拟货币越来越熟悉，但虚拟货币与区块链并不是同一概念。

虚拟货币只是使用了区块链技术，并不等同于区块链。区块链是一个寄存透明器，可有效、可验证、可永久地记录双方交易，同时还可追溯和防篡改。区块链技术目前已经被应用到许多领域，如事件记录、身份管理、交易处理、食品安全追溯、投票等。正如哈佛商学院的马可·依恩斯蒂（Marco Iansiti）教授和卡里姆·拉哈尼（Karim Lakhani）教授所言，区块链并不是对现有商业模式的颠覆，而是一种基础技术，它为整个经济和社会制度创造了新的基础。

2. 区块链的定义

虽然“区块链”的提出到现在有十多年了，但尚未有统一的定义。区块链实际上是一种记账行为，是一种数据结构，是一个简单的链表，元素之间通过哈希进行链接。每个区块通过指向上一个区块的链接进行管理，遵守验证新块的协议。这种记录行为一旦发生，就不可更改，但可进行溯源。区块链可分为公有链、私有链和行业链。公有链是最早使用的区块链，也是使用最广泛、最基础的区块链，支持任何个人和团体使用，参与共识过程。私有链仅允许个人或公司对独享区块具有写入权限，是区块链在具体公司或个人业务中的应用。行业链允许某群体中的某些人作为节点记账人，其他人可在节点进行交易，任何人都可在API权限内进行查询。

3. 区块链技术在智慧图书馆中的实践

区块链技术已经应用到很多领域，目前在图书馆领域也有探讨。区块链将用于为参与图书馆系统的所有潜在读者提供对数字内容和印刷馆藏的无障碍访问的服务，同时确保每个读者的隐私和个人身份安全。主权身份是一种区块链应用程序，它使个人或组织能够对其数字和模拟身份拥有唯一所有权和控制权。美国图书馆馆员桑德拉·克里布（Sandra Hirsh）和苏珊娜·埃曼（Susan Alman）于

2016年提出把区块链技术应用到图书馆中的想法，为此，2017年博物馆和图书馆服务研究所给予他们一定的经费，以支持他们进行“区块链技术在图书馆中应用”的研究。

（1）为图书馆构建元数据系统

构建分布式、无许可的元数据存档更具有创新性。因为区块链不需要中心化的信息，所以它们可以为图书馆和相关组织构建真正的分布式元数据系统。

（2）保护数字优先销售权

区块链具有可证明的所有权和数字稀缺性，能保护作者的数字优先销售权。建立在区块链上的权限管理系统显而易见，这是当前许多区块链项目的中心。图书馆特别感兴趣的是这些项目有可能成为数字首次销售权的真实保护。美国图书馆专家杰森·格里菲（Jason Griffey）于2017年与一位国际知名版权专家一起研究过这种论点，并于2017年夏天撰写了一篇论文来支持这种论点。虽然任何类型的数字版权管理（DRM）都是不可取的，但如果使用区块链驱动的DRM为了获得认可的数字首次销售权的能力而交易，这对图书馆来说可能是一笔划算的交易。区块链技术在保护著作权方面具有独特的优势，可使图书馆在科研数据、师生作品保护方面获得数字优先销售权。

（3）进行数字对等共享服务

图书馆通过区块链技术可促进点对点的共享，而不仅是书籍的共享，从而帮助社区成员验证不同工具或服务的可用性，以实现更有效的共享经济。在设置会议、处理重要项目或设置报告时，区块链为人们提供了所需的工具。它是一种联网方法，当需要共享文件时，它便是一种独特的方法。尽管区块链使更改这些共享文档变得困难，但它有助于使其更加安全。图书馆可将区块链用于星际文件系统（IPFS），这是一种用于未来互联网的点对点协议，使用了比特流、分布式版本控制系统和区块链。IPFS绕过了互联网服务提供商和大型互联网公司的把关，需要互联网上的播种机在他们的计算机上保留网站副本，可以由图书馆验证任何网站给定副本的凭据。图书馆可以与博物馆、大学和政府机构合作，通过区块链框架共享有限元分析软件记录、权限控制和用户生成的内容；支持基于社区的馆藏和借阅的协议可以将传统图书馆馆藏扩展到社区之外。图书馆可以部署一个基于区块链的系统，该系统带有“智能合约”代码，以有利于共享网络中社区项目（工具、汽车、专业知识）的索引和共享。区块链将管理谁借了物品，谁最初借了物品等信息。

五、建筑

建筑是智慧图书馆的物理载体，它为智慧图书馆馆员提供工作场所，为智慧图书资源提供馆藏空间，为智慧图书馆服务提供服务场地，为智慧图书馆系统和技术提供物理设备存放地。没有建筑，智慧图书馆就如同“无源之水”“无本之木”。这部分内容在本书第一章第三节进行了详细论述，此处不再赘述。

第二章　智慧图书馆建设中的技术应用

技术是智慧图书馆建设中的重要组成部分。本章为智慧图书馆建设中的技术应用，主要围绕 RFID 技术在智慧图书馆建设中的应用、大数据在智慧图书馆建设中的应用两个方面展开论述。

第一节　RFID 技术在智慧图书馆建设中的应用

一、图书馆对 RFID 技术的基本需求

RFID 技术指标涵盖了很多方面，在 RFID 应用中以下三方面是应用最多的，也是人们集中关注的焦点。

（一）数据传输速度

数据传输速度是 RFID 系统中的关键技术指标。先进技术的价值在于提供更快的速度。读速和写速是 RFID 系统中的两种数据传输速度，当然这两种传输速度都要受到代码长度和标签数据发送速度还有读写距离以及标签与天线间载波频率、数据传输的调制技术等因素的影响。

（二）读写距离

RFID 的系统运用对于读写距离有一定的要求。阅读器与现有标签之间的读写距离是几毫米至几百米不等，它的性能主要与天线和频率的选择有关。标签价格越高则读写距离越远。

（三）多标签识别

多标签识别能力需要成为重要且必备性能，因为在实际使用中，识别区域一定会同时出现许多识别对象。

综合上面三种技术标准还可以提炼出下面三种技术指标。

一是识别能力。识读距离、状态以及信息质量等方面可以体现识别能力。RFID的识别距离能够从数厘米至数千米。读取的信息质量在不同的状态以及距离下会有明显的不同，因此RFID的一个关键技术指标是识别能力，也正因为这一指标让RFID比传统的条形码具有更明显的优势。

二是识别环境。外借的图书可能会受到潮湿、腐蚀等许多外界因素影响，正因为所处的环境有着不确定性，所以RFID的另一个技术指标就是识别环境。RFID标签内部的芯片和天线一般隐蔽在塑料等一些介质中，外界环境对它的影响很小，因此其适应能力比较强，但是由于RFID应用无线的方式进行数据传输，因此在传输过程中有时还是受到其他无线信号以及金属等的影响。不过总的来说，与传统的条形码比起来，RFID还是拥有明显优势的。

三是识别效率。在现实使用过程中，有一个不可避免的问题便是效率。RFID应用的服务方式是自助型的，对目标进行范围读取，人工不用对整个识别过程进行干预，而且可以同时读取多个目标；而条形码技术需要人工干预，所以相对来说，RFID的识别效率比条形码高出很多。

二、智慧图书馆对RFID的特殊需求

智慧图书馆相对于公共图书馆而言，具有对象群体稳定的特点，一般不是学生就是教师，他们属于学习型和研究型读者；而公共图书馆的服务对象就比较复杂，各年龄段、各个阶层、各个行业、各种学历的都有，即大众性、综合性读者。在工作的侧重点上两者也存在区别，智慧图书馆扮演的角色是学生的第二课堂、教师的参考书房，为学术研究和知识传播提供服务；而公共图书馆则以普及科学知识、提高人民素质为侧重点。基于以上的区别和特殊性，智慧图书馆对RFID的需求也存在特殊之处。

（一）智能预约图书管理功能

由于大量同专业的学生和教师的存在，对几种特定的热门书籍的需求相对比较集中，这样就造成现有复本在某一时间段无法满足众多读者的需求。预约系统正是为了保证这些书籍能够得到充分利用才应运而生的。

1. 定义

在预约架上，每个单元格均铺设了可以得知预约者信息的RFID系统。当预约架上有满足读者预约请求的图书时，读者刷卡读取信息后，智能预约图书管理

系统就能控制该图书的灯亮起使读者找到他所需要的书。工作人员在扫描了读者的证件并确定有效后，便会为其办理相关手续，使其借到图书。

2. 主要功能

智能预约图书管理系统主要有以下功能：读者持证借书时需要输入密码验证身份；具有索书号、题名、作者等多途径检索图书的功能；具有向读者自动发送预约邮件及短信的功能；采用触摸屏感应方式，并具有手写输入汉字功能；预约图书动态实时跟踪，一旦有读者预约图书到期或取消预约，系统能显示动态信息，提醒馆员及时处理；该系统能在读取读者信息后，准确显示其在该馆预约图书的确切位置（包括异馆）；借书成功后，可以打印借书凭条或发送电子邮件。

（二）数据挖掘服务需求

因为智慧图书馆服务对象的性质稳定，所以对借阅行为等的数据挖掘就可以为改善服务、提升管理、合理配置资源提供依据。

1. 学科资源（纸本）利用情况统计

RFID 系统中可以生成相应的统计报表，形式上可以定期推送，也可采用浏览器／服务器（B/S）形式访问浏览，统计的内容包含以下两个方面。

（1）图书阅览信息统计

图书馆相关负责人可以根据相关的数据对图书进行调整，如当某本书的利用率比较高时，适当增加它的数量或者同作者的其他书。这样可以很好地满足读者的需求。

（2）图书流通信息统计

利用 RFID 系统的后台数据库记录多种图书文献借阅数据，可生成与图书文献的利用率统计有关的各类表格来得到最新信息，还可以按读者的不同类型进行划分统计。

2. 图书架位地址更新自动化

目前，各个图书馆经常针对某一学科、某位读者、某个团队推出不同的主题书展，达到从不同角度揭示馆藏的目的。大部分的自动化管理系统都存在馆藏地址不能随意变更的问题，这给读者及工作人员造成很大的不便，希望 RFID 系统能够实现图书架位地址更新的自动化，既能解决工作人员备份展览书目的麻烦，又不会给读者造成不必要的困惑。实现该功能的前提是需要实现文献的定位导航。

图书架位地址自动更新的实现步骤设想如下：一是打开 RFID 管理系统的一

个软件模块，输入登录信息；二是使用读写器获取需要展览地从各个书架抽取的图书信息；三是操作该软件模块变更馆藏信息，且操作过程不宜繁杂，一到两次的鼠标单击或者回车即可；四是当被展示图书被读者借走后，系统及时提醒馆员补充展示图书至展示架上；五是退出登录，关闭程序。

（三）自助罚款

目前，大部分高校都使用了一卡通系统，这样就使自助罚款的实现成为可能，通过自助罚款可以提高罚款缴费的工作效率，减少人员的投入，并能有效地减少人工操作失误而造成的差错。

三、RFID 在图书馆中的具体应用

（一）自助借还

图书馆服务的主要表现形式是借还书，借还书服务质量的提升不仅可以提升读者的使用体验，还可以对图书馆服务质量的提升起到很重要的作用。在我们的生活中，自助服务无处不在，小到饮料自动售卖机，大到自动提款机，都为我们的生活提供了便利。自助借还书同样能给读者带来借还图书的便利体验，并能有效地延长服务时间，减少人工造成的误操作等意外的发生。

自助借还设备主要安放在图书馆内，可以延长图书的借还服务时间并减少读者排队等候的时间，不受人工流通台开放时间的限制。读者能够通过该设备自助进行图书的借还操作。当发生自助设备不能处理的情况时，系统应指引读者到人工流通台咨询并解决问题。

自助借还系统应具备以下几个功能。一是读者持证借书时，需要输入密码验证身份，可与统一认证等其他认证方式进行联动。二是可以支持物理键盘、软键盘，这样用户可以根据需要自由选择输入密码的方式来输入不同的内容，包括英文字母、数字以及常用符号等。三是支持多种借阅证的读取，如校园一卡通、条码读者卡等。四是具备判别读者借阅资格的功能，并显示提示信息。五是通过指定类型的接口与后台图书管理系统同步更新。六是屏幕显示尽量简洁，只显示必要的信息，如图书题名、读者姓名、图书借期等。七是采用英、汉双语界面，并使用触摸屏的感应方式。八是设备外观提供多种选择，便于融入不同图书馆的不同风格。九是借书界面采用限时操作模式，过时自动退出，提升个人借还操作的安全性。十是兼具借书、还书两大模块，并可以同步进行多本图书的充磁、消磁。

（二）自动分拣

自动分拣是与自助还书设备配合使用的自动化设备。该设备大幅提升了图书分拣的效率，可以说没有与自动分拣衔接的自助还书就不能充分体现 RFID 技术的优势。

自动分拣装置是馆员对单本粘贴有 RFID 标签的图书进行收集、归类、整理并按类别进行分拣的一种设备，可减少馆员的工作量。该系统应具备以下功能。一是能够按照预先设定的馆址及馆藏地信息自动分拣图书。二是可使用多种自定义分拣规则，支持多级分拣。三是传送带加还书箱的设计方式，一条单独的传送带两旁可安放两个还书箱，可自由加接传送带的长度，从而增加分拣的类别。四是具有识别图书是否已充磁的功能，并对未充磁的图书进行充磁。五是可以检测图书是否有 RFID 标签。六是能够辨别 RFID 标签在不正常借阅状态下的图书。七是能够辨别预约图书及其他特殊用途的图书。八是具有识别图书遭人为污损、涂写、页码丢失等现象的功能。九是具有箱满报警、实时运行监控、远程故障诊断等智能监控功能。

（三）图书的查找与定位

读者咨询最多的问题便是“书号 ××× 的书具体放在哪儿？”当读者较多时，馆员如逐个帮助查找，将会耗费大量的精力和时间。而图书查找与定位功能的启用，则可把馆员从这一日常业务中解放出来。一旦读者通过图书检索系统找到所需图书，便可点击嵌入链接，查找该书在阅览室的具体位置。

图书馆的大部分图书可以通过公共查询系统检索。当馆藏状态显示为“在架”时，读者可以通过检索系统查看图书的典藏信息。但是，读者由于不熟悉馆藏分布往往很难找到该书。此时，RFID 系统通过层标关联的方式快速地定位图书所在的位置，使用结合系统软件的导航地图，直观显示出图书所在的实际位置，并将位置嵌入检索系统中，使读者尽快找到所需借阅的图书。

（四）图书上架、架位注册

由 RFID 盘点推车完成图书的上架与架位注册等工作，上架的过程就是把图书定位到书架的某一层，与相应的层标相关联，从而确定位置信息。该系统应具备以下功能。一是设备使用无线网络或蓝牙方式进行通信。二是采用英、汉双语界面和触摸屏感应方式。三是使用较大字体，将索书号、书名等关键字段用不同颜色做出标志。四是能自动识别无 RFID 标签图书、非本馆图书，并显示提示信息。五是以不同颜色显示非正常状态的图书，以提醒馆员注意。六是对读写器读写范围进行控制，防止误读到书架背面的图书。七是具备图书的检索功能，可进行多级检索，满足工作人员进行快速检索的需求。八是实现快速分拣图书、书架位置图形化，具有上架引导、到达正确位置自动提示的智能导航功能。九是有语音提示功能，上架成功后进行提示，无须仔细查看屏幕，使上架过程更快速。十是上架成功后提供 OPAC 系统的查询显示。

（五）图书盘点理架

手持式 RFID 盘点装置可以扫描和统计 RFID 标签，还可以携带使用。馆员通过扫描粘贴在书架上的 RFID 标签，可以方便查找、盘点特定的图书资料。这在馆员寻找资料和盘点书籍方面起到重要的作用。

采用该设备进行理架时，排错的图书能通过馆员手上的阅读器自动提示。馆员只需使用阅读器读取图书信息，系统就能自动提示正确的书架位置，这样会大大提高馆员整架、理架的工作效率。其除具有 RFID 盘点推车的前七个功能外，还有以下功能。一是提高手持盘点设备的准确率。二是支持图书架位查询、图书定位和智能路径提示。三是有语音提示功能，发现图书错架、不在架情况时自动提示，无须馆员仔细查看屏幕，使盘点、理架过程更快速。

（六）图书剔旧

图书剔旧功能是指利用 RFID 系统中图书的详细统计信息，如年份、借阅频率等，通过预先设定（或随时设定），生成详细的剔旧图书清单列表，并给予提示，便于馆员参考该清单进行剔旧工作。

（七）安全防盗功能

流通部门还设置了安全门禁系统用来防盗、监控，可对贴有 RFID 标签或磁条的图书展开扫描以及进行安全辨别。该系统通过对书籍借阅状态的判断来确定报警提示信息是否鸣响。

该系统具有磁条和 RFID 标签双重防盗的功能，检测规则如下。第一，先检测 RFID 标签状态，假如检测到 RFID 标签安全位正常，则不报警。第二，假如检测到 RFID 标签安全位不正常，则报警。第三，假如检测不到 RFID 标签，则检测磁条信息。第四，假如磁条为消磁状态，则不报警。第五，假如磁条为充磁状态，则报警。

该系统同时支持 EAS 防盗和 AFI 防盗功能，单个门禁一次能处理多本图书（>20 本）出门的情况，具备较快的响应速度，门禁对于标签安全位与磁条状态识别准确率高，具备声、光同时报警功能。

门禁系统可在现有的磁条防盗门上进行改造，加装 RFID 读写器与天线，可脱机工作，在发生报警情况下，自动记录图书标签信息。门禁读取范围须进行控制，避免误读或漏读的情况。

（八）标签转换

标签转换主要指对图书、光碟等多种类型标签的注册、转换、注销功能。RFID 标签通过读取条码信息与图书、光碟信息进行绑定，完成流通前的处理操作。系统还应具备对架标、层标标签的注册与注销功能。

标签转换装置集标签分发器、RFID 阅读器、条码扫描器三者具备的功能于一体。该装置扫描条码后将资料写入分发器上的第一个标签，然后自动剥离下来，不需要挪动图书，一次性完成信息的采集、编写工作；按照系统里数据模型的设定规则，能够自动将图书条码转变为对应的 RFID 标签数据。

标签转换要求 RFID 标签能非接触式读取、批量操作，仅在有必要修改编目或典藏信息时需要手动修改操作。RFID 标签编写是否成功取决于是否能够成功清晰指示条码扫描。转换站应可判断输入条码是否为本馆使用条码。对标签读写范围进行控制，控制读写范围只在读写区域上方，防止误读。

（九）智能书架

当前的 RFID 图书盘点理架还需要人工进行操作，虽然相比以往传统理架模式节约了一定的时间，但仍然需要耗费大量的人力与时间。假如一段时间不对架位上的图书进行盘点，错乱现象就会发生。

智能书架是在书架上安装的能够使读取范围覆盖整个书架的多天线 RFID 阅读器，采用轮询的读取机制，每隔 550 秒扫架一次，这样书架上图书的实时情况可被记录下来。

任何取书或上架操作都会被系统记录下来，馆员可随时掌握书架上图书的动态变化。配合阅览室安装的 RFID 读写器可跟踪图书的动向，进行精确定位，从而进行图书阅览量等信息的统计。在书架上安放小型可视屏或安装投影可实时显示书架上在架图书的信息。

四、智慧图书馆中 RFID 技术的应用问题及对策

（一）RFID 技术在图书馆应用中存在的问题

目前，RFID 技术已被国内外大多数图书馆采用，有效地提高了图书馆的服务质量和效率。然而，因为 RFID 技术首先从物流领域引入图书馆领域，两者在应用场景和服务模式上存在差异，RFID 技术本身也存在一些固有的问题和缺陷，所以许多图书馆在实际应用中遇到了许多问题，且无法得到很好的解决。部分问题在经过研讨与改正后能够得到良好的解决，如在产品设计上可以做得更好些，规避目前存在的一些问题；但仍然有很多问题在如今所掌握的技术下得不到妥善的处理，如 RFID 的固有特性缺陷，还需要依赖 RFID 技术的进步来完善其在图书馆中的应用。

1.RFID 硬件设备的设计问题

所有新产品的开发及市场运作都有一个由稚嫩到成熟的过程，RFID 技术也是如此。大部分 RFID 厂商都是直接将物流领域应用的那一套技术与经验照搬到图书馆领域，不改革也不更新，但是物流领域和图书馆领域又有很多的不同之处，因此在硬件设备的设计上自然会出现很多问题，不能完全适应和满足图书馆的实际需求。

很多厂家在设置自助借还功能时，为节约空间只设计了一小块区域用来放置图书，当读者一次借阅多本图书时（一般设定为 5～10 本），除设备能够一次识读的图书外，没有其他地方放置多余的图书，这给馆员和读者带来了很大的不便。从读者方面考虑，建议厂家在自助借还设备的借还区域下方设置一个平台用来放置多余图书，或者也可以在设备旁放置临时放书的小桌子，这样对一次借阅多本图书或者没有带包的读者来说比较方便。同时将设备的天线模式设置成只读取借还区域上方或侧方的图书，这样就不会造成误读现象，即误读到当前操作者之外读者的图书信息。

使用 RFID 自助借还设备后，图书的破损、污损甚至恶意损坏情况不能得到很好的控制，经常会发现图书被乱写乱画、故意损毁、掉页或页码丢失等现象，传统流通模式下，图书馆员可以直接对读者归还的图书状况进行判断，但是自助还书系统遇到这种情况却无法自动判断，只能对归还图书的数量进行识别。

一般情况下，图书被故意损毁的情况并不常见（高校图书馆的读者普遍素质较高，损毁情况通常要比公共图书馆要好一些），但不排除有些低素质和不文明

的读者存在，如故意撕去一些书页、在书上乱写乱画、将污秽留在书页上等。图书馆为了尽量减少并避免这种现象，可以参考读者的借还书记录，对最近一次使用自助设备归还损毁图书的读者进行警告甚至罚款处理，但前提是需要提前告知读者如有破损现象应在人工柜台进行处理，以避免相应的风险；同时应该对读者开展素质教育，提醒大家要爱护图书。

24 小时自助还书机在设计时，为避免发生多本图书叠在一起被当成一本图书归还的现象（后面一般连接了自动分拣设备，多本叠在一起无法分拣），将还书口设计得较小，这样比较大、厚的图书就无法正常归还。如果将还书箱设计得太大太高，又会导致其他图书因直接落入箱内而造成标签与图书损坏。图书馆可以要求厂商将还书口扩大，同时改进软件设计，设定为一次只能归还一本图书。当侦测到超过一本图书时，直接自动阻止还书，以避免多书重叠现象；对于还书箱，可设计缓冲装置，避免贵重图书直接从高处落入还书箱，保护图书标签不受损。

2.RFID 技术的缺陷

高频技术和超高频技术是目前应用在图书馆内的 RFID 的两种技术，两者不仅频率有所区别，在物理特性上也有非常大的差别。因为两者有不同的特性，所以在图书馆的应用中有各自的缺点和优点。穿透非金属是高频的优势，目前这个技术非常成熟了，可以选择的供应商较多，图书馆的应用也较多。工作原理的限制造成了它的缺点，如标签的尺寸很大，隐匿性不够；较差的安全性；近距离的读写功能；标签的价格很贵。

标签的尺寸较小是超高频的优势，它的隐匿性和安全性都比较高，比高频的读写速度要快很多，有着较远的读写距离，标签的价格也比较便宜。它的缺点是因为读写距离较远，所以很难得到控制，很容易造成读写的错误；超高频的抗干扰能力低于高频，供应商的选择也不多。从物理的特点来说不管是高频还是超高频，应用在图书馆中都存在无法回避的、固有的特性缺陷。

实际使用中，很多图书馆发现在射频识别技术的多标签识别中有着相互干扰现象，会得到不够准确的数据，即阅读器读取存在“盲区”，这与厂商宣称的超高识别率有相当大的差距。高频标签由于识读距离较近，因此读取的准确率相对还可以接受，但超高频标签由于识读距离较远，而且物理特性为电磁波反射原理，因此抗干扰能力较差，外界只要有少许干扰因素的存在，如图书放的位置不对、各种环境因素的干扰等都会对图书的识别准确率产生比较大的影响。

厂商也提出过一些应对措施，但基本是治标不治本。比如，在自助借还设备上识读不到正确的图书数量时，一般只需重新摆放一下图书位置即可读取到正确的图书信息；但是在图书理架盘点时就可能会造成错读或漏读现象，使盘点的准确率大大降低，目前还没有有效的解决方法，只能要求管理员在盘点理架时进行多次扫架，降低错误发生的概率。

设备干扰可能会对 RFID 安全门的灵敏度产生影响。有些图书馆使用 RFID 安全门的位置离柜台工作站的工作台很近，冬天工作人员使用电热玻璃板的时候，发现接通电源时，RFID 安全门的敏感度会降低很多。测试的时候，将未借书籍的电子标签用双手捂住，安全门竟然不报警。

RFID 标签及设备相比于传统条形码与磁条来说，对外界因素的抗干扰性较差，图书馆在设备安装时就需要考虑到这个因素，尽量在 RFID 安全门的位置不使用像电热板、电热玻璃台面等线圈类大功率、高热量用品，以免降低和影响安全门天线及读写装置的敏感度和精度。在 RFID 设备的周围也尽量不要放置有强磁场干扰的其他设备。

高频 RFID 标签由于工作原理限制，天线设计无法改变，只能做成方方正正的形状，面积较大，只能贴在书的后页上，隐蔽性差，很容易就被发现，起不到图书防盗的作用。

高频 RFID 的工作原理决定了其体积无法做得更小，而超高频 RFID 标签可以设计成长条状。目前最小的超高频标签的宽度已经和磁条相差无几，长度还比磁条短，可以和磁条一样贴于书缝中，不仔细寻找的话很难发现，因此在隐蔽性与防盗方面，超高频 RFID 标签更胜一筹。不过对 RFID 技术来说，防盗只是其附属功能，图书馆主要应用的是它的管理与存储功能。任何安全防盗技术都只是防君子不防小人，都有破解的办法，因此加强图书馆的管理、提高读者素质才是当务之急。

RFID 标签的一个物理特性就是穿透金属能力较弱，实际应用中发现金属书架对 RFID 标签天线信号存在较大的干扰：盘点书架时，靠近金属书架两端的图书识读率非常差，需要反复读取才能读到正确的信息。因此金属架的书籍误读的概率要高很多，而木质书架则不存在这个问题。图书馆可以考虑在金属书架的两头放置木质的书架，使图书不直接接触到两边的金属，以此改善读取效果。对高频标签来说，也可在图书盘点时，使用插入式读取的方法，即将盘点设备的无线装置插入书与书之间的空隙中读取，而非传统的书脊扫描法，这样相当于近距离接触 RFID 标签，读取的准确率也会提高。馆员在上书时，应养成将书脊靠外排放的良好习惯，以使后续盘点理架工作更加顺畅。

超高频 RFID 标签天线的读写距离是可控的，可调节读写器的功率使其读写距离在 1m～10m 的范围内，但是在使用中由于应用场景不同，还是会存在不少误读情况。超高频 RFID 技术本身存在一个“跳频”特性，即将它的读写范围限制在某个区域内，但是在区域外的某几个点可能依然能够读取到标签天线信号，增加误读的概率。

超高频 RFID 技术由于读写距离可以控制，具有较高的灵活性，比高频 RFID 技术更适合着眼于未来的拓展应用；但其对于产品的后期部署要求较高，需要进行实地勘测来调节不同设备的读写器天线的功率，使其读写范围控制在一定区域内。例如，对于自助借还设备，一般需要限制它的读写范围为读取区域上方 1m～2m 的区域内，从而避免误读到周围其他读者的图书；对盘点设备来说，也需要限制读写距离，避免盘点时误读到书架背面的图书；对于智能书架，由于要实时监测书架上图书的信息，既要避免读到非本区域的图书，又要完整覆盖本区域的所有图书，因此读写距离应该如何调节也是个值得仔细斟酌的问题。

RFID 标签的损耗与寿命。条形码与磁条经过长时间的检验都被证明是比较长寿的标签，但是 RFID 标签由于自带芯片和天线，是比较弱的，很容易坏掉。例如，在电子科技大学图书馆实施 RFID 项目的过程中，发现标签损耗率较高，有些刚贴上就发生断裂，证明标签的质量很不稳定，而且在使用一段时间之后，标签的性能明显下降，有些标签会出现读不出数据的现象，必须进行更换。由于 RFID 标签的价格较高，而且实施范围较大，因此对于它的寿命与质量，图书馆在采购时需要仔细进行考察。

3. 软件系统与安全问题

一套好的硬件设备还需要优秀的后台软件系统进行支撑，每一台 RFID 设备上都有一套独立的软件，也有一个总的后台软件与数据库进行管理和调度。目前国内一些厂商的 RFID 系统还存在着不少的问题，都是很多图书馆在实际使用过程中发现的，说明从物流业转型过来的 RFID 厂商还不能真正完全了解和适应图书馆的实际需求。

使用了 RFID 技术之后，图书的查找与定位看起来似乎变得更精确与智能了，但是事实并非如此。使用盘点设备进行盘点，且不说存在误读与漏读现象，光工作量就非常大，每天全馆扫架一次也不能保证书籍位置的正确性，因为读者自行取书、放书就会造成架位出现很乱的排列。如果装上了智能书架并加上导航系统，理论上就可以实现对图书的精确查询，智能书架可以定时对在架书籍进行扫描，很大程度上减少了读者寻找书籍的时间。但是实践证明，这个系统不能对区域内读者手中或已办理了归还手续但还未及时上架的图书进行定位查找。

不能很准确地定位是RFID技术系统存在的缺点，目前RFID技术的供应商使用的图书导航系统的原理是根据图书上架的书架层位信息来定位图书，能够寻找到书籍在哪层，但是图书具体在哪一个位置就没法进行定位了，而且无法监测到书籍离开书架或放错位置的情况。智能书架可采用间隔时间为5～10秒的轮询扫架机制，图书上架或离架时，图书信息就能自动记录下来，然后在导航系统中将图书状态改为已离架或者已返架状态；在每个阅览室的门口与阅览室书桌也加装RFID读写装置，图书进入或离开阅览室、放置在书桌等行为就能被监测到，这样就可以大致获取到不在架图书的位置信息，精确到阅览室的某个书桌。

数据的安全问题是使用RFID技术的弊端，除了标签本身的访问限制，还有与通信链路相关的安全问题以及阅读器内部安全方面的问题。例如，非法用户未经授权直接与图书馆的书籍标签通信，以获取其数据，甚至有可能修改馆内的书籍标签；不法分子利用图书馆公共Wi-Fi等无密码的无线传输技术，非法获取他人通信数据；使用干扰信号切断通信连接，使RFID系统超载，不能正常地接收信号；用假的标签向RFID读写器发送虚假数据，使真实的数据找不到；RFID读写器不能为用户提供自行提升安全性能的接口等。如果不能够解决这些安全问题，RFID技术就会处于一个比较脆弱的状态。

图书馆读者要求其使用信息得到保护，图书馆也应为保护用户信息而努力。然而，使用RFID技术进行借书或还书操作时，因为无法进行实体接触，所以可能会出现安全和隐私等问题。对读者来说，如果图书馆被加上了RFID系统，从读者进入图书馆开始此系统的读写器就会找到该读者的基本信息，这些信息会自动记录到后台数据库并推送到前台，以便图书馆提供相应的服务，但是读者未必希望这些信息被其他人获知。此系统可以查出读者借阅过的书籍等信息，这些信息都是读者不愿被检查出来的，因此如何保护读者隐私不被泄露是个任重道远的难题。

系统功能不够完善，许多图书馆所需要的功能在目前的RFID系统中并没有得到体现，无法完全用机器取代馆员的工作，如在自助借还机上出现了很多不符合规定的问题，需要读者去专门的服务台处理。为了让读者方便阅读，设计RFID系统时，就要与图书馆的原系统相互交汇，将其原有的功能放到新的系统里面，尽可能方便读者。

（二）RFID技术应用问题的解决对策

以上的种种问题凸显了RFID技术应用在图书馆的种种不足与缺陷。虽然

RFID 技术给图书馆带来了更先进的服务理念，改进了传统的服务模式，给读者与馆员带来了方便，但是存在的这些问题也是不容忽视的。图书馆应当探寻问题的根源，并尽可能研究出相应的解决对策或扬长避短，使 RFID 在图书馆应用的合理性最大化。

1. 满足图书馆的真正需求

目前，国内的 RFID 行业主要是由供应商来主导市场。供应商会根据图书馆的需求进行相应的调整，但这些调整一般不会给产品带来较大的变化。有时供应商按照自己的想法提供的产品不能满足图书馆的需求，这使图书馆更加被动，不得不接受本身不愿接受的产品。例如，前文中提到的硬件设计的缺点就是因为不能根据图书馆的需要来进行设计。因此，图书馆应根据自己的情况和设计对供应商作出相应的回应，这才是准确的做法。上海交通大学、清华大学、香港城市大学三所大学的图书馆组成了一个联合工作小组，致力于设计统一规格的 RFID 标签、读写设备库和应用程序，以满足它们共同的需求。图书馆可以有针对性地提出需求，并与制造商建立战略合作关系，设立研发基金或实验室，建立“生产”机制，使图书馆的真正需求得以满足，从而促进图书馆的 RFID 技术得到更好应用，不断提高服务质量。

2. 现有技术的集成和兼容性

RFID 技术本身也有一些缺陷，如陕西省图书馆指出高频 RFID 标签面积大、隐蔽性较差，许多 RFID 标签在识别时出现干扰现象，还有武汉图书馆 RFID 设备抗干扰能力差，这些问题目前还不能解决，但是可以扬长避短，让其充分发挥优点。

一个特定的标签或设备不能用于所有东西，因此最理想的选择和最好的应用方式就是让供应商根据不同的场景设计最适用的标签和应用设备。通过安装高频和超高频的标签，可以同时实现自助罚款和访问控制功能。通过使用中间件，可以实现高频和超高频的兼容，同时还需要使用标签和分离设备来读取数据并发送到后台。设计各种设备时，需要遵循一致的标准并开放接口，以实现彼此之间的可操作性。这样不仅可以规范 RFID 产品的市场，防止供应商垄断，还可以使图书馆产品具有更多的可能性，在服务模式中发挥重要作用，对图书馆发展有较大影响。

3. 服务模式的变革

RFID 技术已经在图书馆服务中得到了广泛的应用，传统的借还书、排序、库存等模式被先进的机器设备替代。然而，如何更好地利用 RFID 技术改进图书馆的模型、提高读者的学习体验仍是一个重要的问题。很多图书馆仅仅为了追随时代的潮流和节约人力而引进 RFID 技术，却没有认识到如何更好地利用它来提升服务质量。

通过运用 RFID 技术，智能化和自动化的理念可以在图书馆里成为现实。从读者角度来说，从一开始就识别信息，并且能够主动预约推到书架上的书籍，可以在热推的读者感兴趣的书架使用该终端，也可以三维寻找书籍；从馆员角度来说，运用 RFID 技术进行主题服务和咨询服务时，需要以读者的用户体验为重，这样能够彻底改变服务模式，真正发挥 RFID 技术的潜力并取得最佳效果。

4. 图书馆之间的知识交流

为了让数据模型更标准，图书馆应该按照一致的标准进行标签化，使得不同图书馆之间的数据能够互相读写。同时，可以采用类似“图书馆代码”这样的字段来标识不同图书馆的信息。要求制造商依照标准规格来设计 RFID 标签和产品。借助这种方法，馆馆之间可以相互学习，促进资源和知识的共享，进而实现资源的开放和公开获取。

第二节　大数据在智慧图书馆建设中的应用

人类社会需要发明一种物质和数量统计的工具，对商品的交换进行评估，这是大数据出现的背景。在原始社会中，由于生产力水平相对较低，物质资源不够丰富，所以数据利用率不高。工业社会到来后，生产力水平大幅提高，这引起了人们对数据的关注，与此同时，结构化数据以及标准化的数据出现，使得科学家发现很多数据查询、分析和处理技术，这些技术可以处理结构化数据和非结构化数据，如音频数据、视频数据、图像数据、文本数据等。随着信息时代的到来以及网络技术和计算机技术的发展，人们的日常生活、工业生产、电子商务的发展和研究水平出现大幅提高，这表明人们进入了大数据时代，云计算技术的出现和发展提高了人们处理大量数据的能力。

大数据正在影响着图书馆的性状发生改变，让图书馆不再是一个管理实体和服务模式的载体，而是将其转变为一个拥有丰富数据和知识智慧的大数据系统。大智慧是检索、激活和调用古今中外的知识的关键点，图书馆在大数据时代重点提供“大成智慧”。

一、图书馆大数据整合系统平台

（一）图书馆大数据整合的需求

1. 图书馆IT基础设施架构和系统安全性的需求

首先，对于图书馆的IT基础设备优化，关键是要考虑其组织架构是否能够对大量数据和系统硬件进行有效整合，以及数据中心的IT资源是否能够便于拓展和监管。同时，还需要考虑数据中心监管和运行所需成本的合理性，以及在异构环境中的安全性和可控性是否达标。其次，如果整合数据中心系统导致IT架构更简化且设备数量减少，那么数据的存储和用户服务可能会集中在数量较少的单个设备上，这样做会带来一些风险，如数据中心的单点故障和数据存储的安全性将受到影响。再次，中心技术是否虚拟化是影响IT基础设施架构合成的一个关键因素，提高虚拟化技术的使用率不能导致系统安全风险大幅增加和自身抗风险能力降低。最后，为了提高图书馆的服务质量和系统的可靠性，多个子数据中心一般都会被图书馆在不同的地方构造，以此来提升其用户服务的效率和可靠性。关系到图书馆系统运行安全和基础设备架构优化的一个重要的问题是对位于不同领域的子数据中心数据进行有效的分析、挖掘和整合。

2. 数据中心异构系统与应用服务整合的需求

首先，关系系统安全、管理效率和用户服务质量的关键应用目前主要被图书馆数据中心分布在大型计算机主机和UNIX平台上，而一些不太重要的应用则被分布在UNX或X86等平台上。这就使一些现象被着重地表现了出来，如IT基本设备应用的多元化、架构结构的多平台化、数据离散、系统不同结构和被孤立的信息等。其次，需考虑不同应用所需的服务、操作系统和虚拟化平台的安全要求和标准。此外，由于大数据流的获取、收集和控制以及决策预测平台的软硬件系统不同，很难实现统一化。再次，在保证不同系统平台效率的前提下，以用户需求和图书馆服务能力建设为指导，提高大数据平台综合效率与大数据服务有效性的关键，是实现数据中心原有系统和在大数据层面上新开发的系统的无缝整合。最后，图书馆系统的异构体现在多个方面，如数据库监管系统的异构、网络协议的异构、用户环境的异构、认证流程的异构等，这些异构因素增加了整合数据的难度和复杂度。

3. 增强大数据价值密度和可控性的需求

首先，随着大数据技术的发展，图书馆服务已经有所转变，从以往消耗资源为主的形式转变为以提供大数据资源保障为核心的“绿色”服务。因此，图书馆的服务创新能力和市场竞争力被大数据资源的价值密度与可控性影响。其次，因为读者阅读需求以及图书馆在服务过程中的复杂性不断增加，所以图书馆面临着许多挑战，如业务繁多杂乱、计算的需求增大、数据存储的成本猛烈增长、需要巨大的成本控制能耗以及要保证服务质量等，而服务的安全、高效率、绿色清洁和可控制性的保证则是大数据整合有效性的体现。最后，大数据的分析、评估和预测价值无法被无规律、单一的碎片信息数据显示出来，这是因为在大数据环境下，数据通常以碎片信息数据流的形式存在。因此，图书馆对数据碎片进行系统性的细分、搭配、重组与整合，就必须以用户服务需求为中心，这样才能提升数据的可控制性、可利用性和价值密度，最终实现大数据向大服务的转变。

4. 图书馆对智慧管理与智慧服务的需求

图书馆要实现服务系统的智慧服务与智慧管理可以利用大数据来构造出一个智慧型图书馆。

首先，图书馆要想正确把握图书馆基础设施结构合理性、系统的服务和管理能力、适应市场竞争环境和读者阅读需求等现实问题，就需要进行准确的数据挖掘和感知，以发现历史信息和现今数据的价值，整合和衡量数据，以便形成服务内容和形式、服务市场和服务对象等关键要素之间的联系。其次，要想实现改革后的图书馆服务形式、内容，以及适应服务环境市场，并准确评估用户对于个性化阅读服务质量的需求和要求，图书馆就需要整理、合成、联系全部数据，且调节、控制和判断用户需求的形式和服务效率。再次，实现智慧服务是图书馆智慧管理所追求的最终目标。为了提高大数据服务的支持能力和大数据资源的价值密度，图书馆需要始终坚持增强服务系统的统一保护能力和提高服务资料的综合使用率，并且要以整理大数据资源为重点。最后，大数据平台处理海量动态和快速变化数据的效率与能力取决于有效的数据整合和科学的数据结构，同时后者也关系着高速数据在短时间内的即时服务质量和价值有效性。因此，图书馆需要确保在数据运算和业务决策系统以及对用户服务系统的服务等方面，做到高效、安全、优质和实效，通过大数据平台对实时采集的数据流进行快速整合。

5. 大数据资源描述语法和主数据库格式统一的需求

对一个图书馆而言，收集的大型数据源主要包括用户服务数据，管理员和管理控制数据，用户行为数据，用户阅读器活动、日志和社交链接，微博、QQ、微信反馈数据等。但这些主数据库标准和描述语法不统一，而且存在冲突和不全面的数据。第一，数据源结构复杂，缺乏规律性，数据不能有效语义互联。第二，数据集成过程的科学性和结构合理性以及实验数据格式的互相操作性和可控性是集成大数据的主因。第三，图书馆倾向于使用虚拟化方法进行数据集成，以提高大数据源集成的效率并降低集成成本。如何摆脱实际存储方法、存储路径的限制，普及虚拟可用性和准确率，是有待研发的问题。

（二）图书馆大数据整合机制

图书馆大数据集成平台采用分层多维度架构，确保系统平台具有完整精确性。图书馆大数据资源平台的系统中收集的大量庞杂资源临时存储在一个临时数据库中，这些数据通过预定义规则进行清理和筛查，并在数据集成后导入主数据库中。这个系统架构由数据库操作管理层、数据分布层、数据集成层、大数据存储层组成。数据库操作管理层是图书管理员通过监控开发完成大数据库的构建、管理平台应用程序的用户原始界面。数据分布层基于收集数据错误检查和可用性，依据定义的数据清洗与过滤规则对数据进行质量分析、数据过滤和清理，集成优秀的数据资源和高价值的数据，以确保数据的集成密度和可操作性。数据集成层是数据预筛查和过滤后的一个临时数据库，是为了通过挖掘数据源，分析数据切换解析和下载软件将数据写入主数据库，一个大的图书馆数据资源库的整合得以最终完成。大数据存储层主要由各个大数据资源、改动数据库、分析数据库以及使用不同终端收集的数据组成。

（三）图书馆数据集成布局

1. 完善数据中心 IT 基础设施架构

首先，图书馆数据中心 IT 基础架构整合改良，要以产品集成、信息集成和业务集成为目标，不仅与风险控制和成本降低、节能需求和质量保证相对应，还要以计算、存储及网络和数据备份设备的虚拟化集成为核心。因此，IT 基础设施的有效整合必须基于计算的虚拟化资源库整合使用。其次，有效整合和优化 IT 基础设施，确保图书馆可以在规则一致的通透环境中，有效保质保量检索完整数据，一定坚持两个统一（即统一的数据环境和统一的数据体系结构）的原则。再次，图书馆虚拟化数据中心集成图书馆终端服务器、硬件存储设备时，要秉承稳定、快捷、可持续、环保的理念，要坚持数据的收集、分析、利用的每个环节都对用户负责。最后，图书馆在数据中心 IT 基础设施库的优化，可根据未来数据环境特点和整合需求进行灵活扩展和伸缩，保证 IT 基础设施架构有一定的调整空间，能对未来市场变化做出相应调整，并让该架构有更广阔的市场空间和更便捷的服务渠道。

2. 大数据资源整合平台应便捷化管理

图书馆在制定和实施大数据资源整合平台管理规则的过程中，必须注重以下五点。第一，要保证大数据资源整合平台具有多种用途和便捷化管理，使系统更加便捷并降低成本。用户能够通过平台采用的 JAVA、C++ 等系统在第三方下载程序并在本终端使用；还可以自己研发程序供给他人使用；还要使平台系统功能模块软件具备灵活性和可扩展性，以应对日益高涨的数据组合变动，提升整体性能。第二，采用创新的分布式架构执行工作计划行程、管理复杂的数据整合工作流程。第三，通常大数据整合平台应具备对重要数据和实时数据优先的判定功能，根据数据的时效功能确定分级顺序进行整合。图书靠庞大的数据按照用户服务的时效功能分级，主要整合不同类型数据：一类是由系统运行和用户交互与反馈而产生的大量基础型数据，这类数据往往不具有时效功能；另一类是由学习者在服务层面的差异化需求产生的实时信息、当下的定制需求以及为保障学习者信息安全的监控数据。第四，在整个平台构建过程中要采用“去芜存菁”的方法，通过关系数据库系统在构建过程中日趋成熟的快捷性，优化平台在非结构数据和流数据的重组，在保持数据重组稳定的情况下减少平台构建过程中的资金投入。第五，智能化的资源整合平台要求有高效的数据互通手段，在平台的输入端及时对信息分类后，将初步处理的数据精确地匹配到相关的处理模块，之后将加工过的数据传输至主数据库进行分析和利用。

3. 利用云计算技术确保数据整合的高效

新型服务理念和用户需求必然伴随着数据的激增，单纯地通过购买大型硬件设备、提高数据库的兼容性和加工速度、改良检索和匹配的方式、降低学习者服务标准等措施，早已无法满足大数据的增长需求，因此图书馆应通过引入云计算技术为大数据整合找到新的出路。

数据的安全等级可根据其重要性和图书馆学习者的反馈情况分级。其中系统运行数据、阅读信息、学习者需求信息、运营模式评估数据、客户反馈数据安全级别较低，而安全监管数据、用户资料及身份信息、用户检索痕迹和隐私数据、针对用户行为的智能评估则安全级别较高。大数据资源往往总增长量大，又要求功能高效、快速传播、便于检索，因此云计算技术只有应用于图书馆数据库中，才能保障数据整合的快捷与效益。

第一，图书馆受限于自己的资金、人才储备、技术能力，大多通过私有云和租赁云的方式存储和使用它们的数据，进而减少对 IT 硬件设备、软件创新、数据管理的依赖，有效地节约资金。第二，将私有云用来存储那些更为重要的高密级数据，当图书馆因资金与技术等客观因素不得不将重要数据存储在公有云中时，要和第三方云服务机构协商以明确数据安全的责任、数据使用的权利，并达成有法律保障的协议。第三，为实现资源整合系统的有序管理、安全监控、节约成本，云服务机构需要向图书馆的用户询问身份和相关权限许可。第四，云数据库应在不涉及改变数据检索、利用、反馈方式的前提下，开发更符合市场需求的数据存储、评估和智能化搭建数据模型的功能。

4. 以图书馆大数据服务质量保障为目标

图书馆特色服务的受众是广大的学习者，他们带有鲜明的、不同的社会属性，因此图书馆数据服务也相应地要具有社会特质，以人为本，达到服务质量保障是图书馆大数据整合的宗旨。第一，图书馆应吸取传统 IT 环境下大数据资源整合的长处，将以数据中心硬件设备运营性能的能力竞争转变为图书馆大数据分析与个性化能力的竞争，也就是说图书馆大数据整合应有效地把图书馆运营从大规模生产向实效个性化服务转型；用准确、快速和高效的分析，判断学习者个性阅读需求变化，为其提供量身定制的个性化服务产品。第二，图书馆对不同终端设备采集的大数据资源要科学整合，这就需要在改善服务流程、提高针对服务时效与速度、推广营销管理政策、提供个性化用户服务数据等方面上台阶、上高度，对其高标准、严要求。第三，图书馆大数据库内部数据和服务资源整合的依据就是最终完成的用户大数据分析结果，要高效实现用户服务内容和模式的定制与投放，就要对图书馆业务进行深挖，秉持以人为本的理念，提升用户对服务产品的适应能力，打铁还需自身硬就是这个道理。第四，图书馆学习者的阅读习惯、阅读爱好、阅读种类、阅读情志等都是有价值的数据，图书馆大数据整合要注重提升获取此类数据的能力，还要多元化跨界与第三方大数据提供商、移动终端服务商深度合作，扩展数据传输服务的内核，依据数据分析结果来判断所提供给学习者的服务是否准确、有用。

5. 协调系统架构和优化数据整合

在图书馆运行的过程中会遇到大数据技术无法做到收集与分析相适应的情况，进而给图书馆在协调系统架构和优化数据整合上带来棘手的问题，产生这样的问题的原因是在图书馆对原始数据收集和分析时，由系统运行和终端服务器搜集的新数据种类与原始数据之间会产生差异。当大数据作为一个整体体现其利用价值时，一定要制定数据与系统结构统一的模式；当设计人员构建一个大数据平台时，要尽量做到系统的各部分之间效率的最大化，利用各个流程将大数据的搜集、分类、处理汇集成一个整体；建立完善的安全管理系统对数据库的运行进行保障，通过智能的软件防火墙手段评估和规避风险；大数据平台应用的优势在于简单的系统和管理方式，得益于便捷的系统，大数据平台充分利用信息的时效性加速信息的流动和数据的交流。而对平台的操作人员来说便捷的管理方式和操作流程能为数据的结构管理提供最大的帮助。此外，大数据整合的最终目的是推动图书馆信息化的发展，打造满足用户需求的新型图书馆。新型图书馆应以可持续发展的方式推动信息的传播与交流，也为建立环保、便捷的大数据平台提供帮助。此外，图书馆要为完善数据使用与信息共享方面的法律法规作出贡献，为数据在传播与交流的管理、控制、监督上提供保障。

当前如何运作图书馆架构体系？如何从管理用户之间关系入手为用户带来新内容、新思维，同时使用户享受来自图书馆的服务？这就要从数据组成是否具有科学性和使用价值，是否可以平等分享、易检索等方向上进行深入研发。由此可看出，应用高级智能对价值密度不高的杂乱资源、集散资源进行分拣、清洗、转换、整合，使数据平台的资源结构趋于合理化，构建一个高价值高密度、可持续利用的基础 IT 资源体系是图书馆获得新的市场信息和洞悉能力、高效科学地提供满足个体用户的差异化需求服务的关键。

正因如此，图书馆应该基于学习者的差异化需求和大数据资源的固有价值创建一个庞大的管理平台和数据库集成系统；应该根据用户的安全需求和差异设定与完善用户服务系统；对图书馆大数据资源的结构、数据格式、状态进行详尽的分析，有效地实现数据相通，减少直至杜绝信息孤岛，从而能将图书馆的用户使用习惯、系统运营、数据管理进行有效的运作。

二、大数据时代大学图书馆大数据资源共享

诸多新科技兴起催生了网络媒体、社交平台等新事物，在当今大数据的时代背景下，学术、商业、工业乃至政府机构都开始着眼于大数据的问题，人类社会在不断进步中已经开始不断探究大数据带来的数据核心价值。人们在做出决策时通常会通过大数据的应用发现事物存在的内在联系，进行比对得出结论，最终用结论指导决策的制定。此外，人们可以查看大量的数据来对未来的情况进行预测。因此，我们需要探索如何运用大量的思想和技术来解决大学数据资源分配的问题。

（一）大学图书馆联盟的数字资源具有大数据特征

单独大学图书馆数字化虽然并不具备“大数据”特征，但这些获取的数字资源已经具备“大数据”功能所拥有的一系列属性。随着大学图书馆中数字用户数

量的增加，用户信息和信息的获取、大学注册提供的信息通常会创建数据，大学图书馆联盟的服务数据和数字信息产生的非结构化数据是一个超级数据集。随着信息科技的进步，大学图书馆数字化服务信息数字用户的需求会持续增长，这并不只是在寻求数字服务的调用和其他一般信息服务，而是在寻求更深层次的数字资源的数据库和数据分析。大学图书馆联盟应该基于用户的差异化需求寻求数字资源的信息服务方式的进步，从而更符合用户对数字资源的信息获取的要求。

（二）大学图书馆数字资源共享的优势

1. 数字资源的优势

大数据能够将杂乱的数据集中整合成有利用价值的数据，并在这些数据中进行深层次的分析，开发出隐藏在数据中的巨大价值。高校图书馆中的数字资源包括电子书、期刊、数据库、音频、视频等。个体高校图书馆的数字资源无法达到1PB以上的大数据基准，可是相较于大学图书馆联盟，大数据应该匹配的是大学图书馆联盟的运行产生的全部资料数据。采用云计算处理运营数据、精准地把控数据走向，并对今后的发展做出科学的规划是处于大数据时代的今日如何利用大学图书馆联盟大数据的重中之重。

2. 海量数据的优势

在大学图书馆的运营和使用中，用户与系统之间会产生相当多的交互性数据，这样就大大加快了大学图书馆的非结构化数据的获取速度。在数字资源的技术基础之上的移动网络的信息管理通道和多渠道服务内容为大学图书馆联盟的移动化提供了技术上的支持，如此看来，在自媒体、社交平台等差异化渠道服务所累积的带有个人化、用户终端的信息服务都将获取到海量的交互数据。应用这些交互数字服务以各种形式和组织方式分发给大学图书馆联盟的系统管理的各种计划，整合在共同的依靠云技术的大型数据库中。大数据的开发是由云计算技术提供支持的，云计算技术可以颠覆传统概念中的图书馆，其使用云计算技术将数据集中在一起，形成大学图书馆联盟大数据的信息体系。

3. 技术优势

如今的科技发展速度惊人，云计算技术的大数据正在为大学图书馆联盟提供可靠的数据平台。物理设备如屏蔽服务器、互通网络、硬件存储的差异化，以及不同的物理设备如何共享的问题都可以通过云计算技术中的虚拟化技术提供解决方案。大学使用硬件中心将降低大学图书馆联盟的硬件成本，并为数字资源共享提供硬件保护，这都得益于云计算技术中的虚拟化这项技术：每所大学分散的自主数据库都可以通过云存储的技术来汇总再分类，并交由云端进行资源的再调配，用户的资料与产生的数据也会进行动态分布，缩短了信息获取的时间。通过使用兼容的网络系统，大学图书馆联盟的技术管理部门对云计算网络进行了严密监控、防御，以提高大学图书馆数字服务的数据安全性。

（三）大数据时代大学图书馆数字资源共享问题解决策略

大学图书馆资源共享的运营和发展需要良好的、合理的、稳定的策略，这将为完善大学图书馆的资源共享提供有效的思路和途径。

1. 大数据时代大学图书馆数字资源共享的建设策略

（1）管理层面

妥善的、合理的建设策略是大数据资源共享这项系统工程能否走绿色、可持续道路的关键所在。正因如此，为符合时代要求的大学图书馆联盟建立管理机制非常重要，这个管理机制的主要责任如下：一是框定大数据架构、共享机制、标准；二是负责数据汇总、存储版权法律数据等内容；三是负责在工作中维护、监管数据。在每所大学的终端设立基础数据管理人员，他们将成为大数据运行的基本单位，其重点工作是大学图书馆联盟数据管理系统的实施、完成主要规划和要求，并安排图书馆完成基础数据的收集、访问和审查，从而有效地完善大学图书馆数字资源的发展和建设。

（2）技术架构层面

从技术架构层面来阐述大数据的话，大数据是指从海量数据中快速筛选有价值数据的技术架构。大数据技术架构可用来分析和解决与主要数据相关的存储、处理、研究和应用有关的问题。如何完善大数据技术架构是一个长期性的基础内容，也是当前图书馆需要解决的一个重要问题。大数据自下而上地逐层分级工作。首先，采集、汇总海量的主数据库，对结构化、半结构化、非结构化数据进行收集与汇总；其次，对已有数据的存储，存储工作方式有很多种，如 NoSQL、云存储、HBase 等；再次，将存储的数据消化、分解成有利用价值的大数据的集成、主数据库模型，并对数据审查、加密、备份；最后，完成可利用信息的查找、分类，并对数据做可视化、个性化处理。

（3）建设统一的大数据平台

大学图书馆联盟如果建立大数据平台，就必须以整合大学已具备的数字资源为基础，并在此基础上进行统一管理和部署。将云计算技术应用在大数据平台数字资源的采集中，可以汇总分类每所大学图书馆已具备的网络、硬件和主数据库，初步提取和索引来自每所大学图书馆的数字资源主数据库。将这些资源与大学图书馆建立关联，然后数据将会以逐级向上的形式汇集到大数据平台上。最后，为每个大学图书馆提供一个强大的云平台，以存储数字资源，实现数据查询和分析。

大型数据平台具有接收内置属性的服务架构，并根据定制信息的需求，差异化、个性化地传达给用户，向用户发送各种类型的数字服务，这可大大缓解大学图书馆中的资源浪费、信息孤岛、信息化安全等问题，推动向大学校园分配数字服务的进程，并向需要数字服务的用户提供准确的服务。

2．大数据时代大学图书馆数字资源共享的运行策略

（1）数据运行方面

大学图书馆这种规模的信息共享对于大数据的时效性、精准度、安全能力有着严苛的要求，只有从构建制度、系统维护、主数据库等各方面严格把控，才能保证整个平台的平稳运行。

（2）技术运行方面

用来存储大学图书馆联盟的数字资源的有关设备、硬件与软件系统是技术运行的主要实现方式。硬件购买有必要制定一个具有成本效益的方案。在平时，严格地坚持硬件维护规程，同时建立灾难意外备份，确保大型数据库资料的安全；在软件程序方面，评估数据管理系统的使用、数据管理的访问数据流数据的精准对接，以及采纳开发团队和用户的反馈意见，对平台更新换代的能力是非常重要的。保存和存储活动信息需要注意合适的数据存储对应合适的使用情况，确保数据的安全性和准确性，并确保用户能够有效且准确地进行反馈。

（3）网络运行方面

网络运行方面需要建立大规模管理平台的主要单位，利用现有科技对网络进行监管，最大限度地实现网络监管，组成网络系统，并及时阻止无用的网络建设，避免人力、资源的二次花销，造成大量浪费；还应完善网络监管，解决网络日常运作中的问题，并快速地反馈、处理、解决问题，减少因网络缺陷导致数据遗失或查询障碍问题。

（4）绩效管理和评估反馈方面

一个有效的绩效系统可以对大数据平台的运行数据和问题按时展开评估，避免各大学图书馆因利益冲突而消极隐藏、阻碍这些知识、资源的共享，是大学图书馆能达成数字资源共享的一个必要条件，因此建立绩效评估系统对大学图书馆的利益冲突可以起到缓冲的作用。一个优秀的评估反馈系统应该对大学图书馆联盟的大数据平台的各项数据的日常运行和安全提供保障，按时提出反馈信息。大

数据管理应有能力收集每所大学和用户在平台上的使用情况，一旦有问题发生要第一时间、快速处理问题，并准确地消除问题带来的影响。

3. 大数据时代大学图书馆数字资源共享的安全策略

（1）数据的安全制度建设

当建立大型数据平台时，应从国家机构层面制定安全法则并依法保护进行图书馆数字平台共享的大学。平等建立高标准数据平台的安全操作规范和标准，充分和有效的规则将最大限度地减少大学图书馆联盟成员间的矛盾，以使平台可以安全顺利地运行。此外，还有必要形成一个基于大学图书馆联盟的数字资源保护合作制度，为保护全球大学图书馆联盟提供模板，确保从体制上减少大学图书馆联盟可能影响平台安全运行的隐藏漏洞。

（2）加强安全监控能力建设

确保大数据平台功能的日常可用性、数据监控和出口流程的性能，并对分配的数字资源进行标准评估，以确保运行的安全。在为大学建立高水平数字平台的基础上，在大型数据库中建立必要的安全措施。如果平台的某部分显示安全警报，则问题部分从整个平台中隔离起来，能最大限度地保护数据平台的主体安全。组织和更新大型数据本身的安全也很重要，如有异常，必须迅速展开处理。

（3）普及数据安全防范意识

在大数据为我们带来便利的同时，大学图书馆联盟的工作人员有义务对数据资源树立安全意识与责任意识。大学图书馆联盟汇聚成数字化的资源将成为一个知识的殿堂，对这些数据加以合理利用能够对各个学科的发展作出指导、规划，这对科研技术的推动是有巨大贡献的。

大学图书馆联盟资源共享的建立本身就体现了大数据技术能够打破地域、时间、类型限制的优良特点，通过云技术实现信息的高效互通，并且经过大数据整合的信息数据的可利用价值被大大提高了。利用优秀的数据技术完善大学图书馆平台可实现大学数字化服务的优化。在大学图书馆联盟建立数字资源分配时应侧重于三个角度。一是建立一个完整的运行系统。大数据开发是一个有组织、有计划的工程。一套完整的应用程序应以推动数字资源创建过程的所有环节的可持续发展为基础，在有完善尖端架构的前提下，才能确确实实地做到信息、资源的整合。二是创建一套标准的构筑模式。建立各个数据类型的模板让各种资源相通成为现实，这是资源共享的基础。三是共享平台的意义在于数据的汇集与转移，即一种流通性，基于大数据技术的平台可以实现这种流通性。

第三章　高校智慧图书馆基础建设

高校智慧图书馆需要提供智慧服务，这是知识服务的升华，对馆员素质需求也更高。要进行智慧服务，就需要拥有一支强大的智慧馆员队伍，同时也需要强大的数字资源支持。本章为高校智慧图书馆基础建设，依次介绍了高校智慧图书馆馆员队伍建设、高校智慧图书馆数字资源建设两个方面的内容。

第一节　高校智慧图书馆馆员队伍建设

一、图书馆馆员在智慧图书馆中的作用

学者侯明艳在《智慧图书馆环境下高校馆员的角色转变》一文中认为，“智慧馆员”是参考馆员经历知识服务阶段的学科馆员之后的另外一次嬗变，是从知识服务走向智慧服务的图书馆新角色[①]。学者李安在《浅谈智慧图书馆中智慧管理的实现以及智慧馆员的培养》一文中提出，未来的智慧图书馆应主要招收两种类型的馆员，一种是负责为馆内各种硬件系统正常运转提供支持的技术馆员，另一种是负责馆藏整理、与读者交流的专业馆员。[②]学者储节旺、李安在《智慧图书馆的建设及其对技术和馆员的要求》中指出，在智慧图书馆中馆员要做的就是在不破坏用户（读者）行为习惯的基础上，更快更好地回答用户提问。[③]有学者认为这些馆员应该具备一定的学科背景知识，同时也需要经过图书情报专业训练。只有那些能够同时提供个性化、专业化和集约化知识服务，并能完成用户智慧能

① 侯明艳．智慧图书馆环境下高校馆员的角色转变 [J]. 现代情报，2015，35（5）：165–167.

② 李安．浅谈智慧图书馆中智慧管理的实现以及智慧馆员的培养 [J]. 农业图书情报学刊，2015，27（11）：197–199.

③ 储节旺，李安．智慧图书馆的建设及其对技术和馆员的要求 [J]. 图书情报工作，2015，59（15）：27–34.

力培养的馆员，才能够担任智慧服务工作，这些馆员被称为智慧馆员。另外，智慧馆员是学科馆员增强后的成果。

从这些学者观点中可以看出以下两点：①智慧馆员是知识服务环境中的学科馆员或者参考馆员在智慧服务环境下的发展；②智慧馆员的各方面能力要求更高。

然而，智慧图书馆环境下的图书馆员不等于以上学者研究中的“智慧馆员”概念。图书馆各个岗位的馆员均要参与智慧服务，在新环境中均有新的职责与能力要求。图书馆的智慧性需要通过服务来体现，智慧服务质量与馆员能力息息相关。学者许春漫在《高校图书馆智慧服务模式下智慧馆员队伍的建设》一文中提出，所谓图书馆的智慧服务是指依托智慧的专业馆员和优质、多元的信息资源，在互联、智能技术驱动下，提供主动灵活、无处不在、形式多样的能有效支持用户知识应用和知识创新的服务。[①] 资源、技术、馆员和用户是图书馆智慧服务的四大要素，其中最核心的是馆员。

“除了智慧的图书馆员，没人能创造出智慧图书馆”[②]，学者伊安·约翰逊（Ian Johnson）在《智慧城市、智慧图书馆与智慧图书馆员》一文中对馆员的重要性做了深刻描述[③]。图书馆业务涉及众多岗位，各岗位对馆员能力要求各不相同。

二、高校智慧图书馆馆员结构

常规的高校图书馆人员岗位围绕着图书馆业务流程分配，馆藏、采编、借阅、流通、咨询以及简单技术支持是其主要业务范围。随着业务发展、编目外包，各馆编目人员的配比正在逐步降低。高校智慧图书馆引入大量先进技术，包括移动互联、无线射频以及数据挖掘等，将高校智慧图书馆的服务引入一个全新的阶段。高校智慧图书馆中基础服务、自助服务成分增加，读者对专业化、个性化服务的需求增强，就服务深度而言由简单的文献资源服务转变为知识服务，服务形式在时间和空间上嵌入用户环境。这些服务内容和形式的转变，对高校智慧图书馆馆员岗位变革产生了巨大影响。

---

① 许春漫，陈廉芳．高校图书馆智慧服务模式下智慧馆员队伍的建设 [J]. 情报资料工作，2014（1）：87−91.

② 吕春．地方高校图书馆智慧馆员的发展与重组思考 [J]. 楚雄师范学院学报，2022，37（6）：119−125.

③ 伊安·约翰逊，陈旭炎．智慧城市、智慧图书馆与智慧图书馆员 [J]. 图书馆杂志，2013，32（1）：4−7.

新时期，满足用户不断变化的需求是高校智慧图书馆发展的动力，馆员结构也必须适应这些变化做出相应调整。馆员的组织形式仍然围绕图书馆业务构建，随着图书馆业务的变更，增设某些岗位或者扩大原有岗位的职责范围是近年来高校智慧图书馆内部结构变化的显著特点。

高校智慧图书馆知识服务团队是由专题处理人员、学科馆员、信息咨询人员、技术人员、管理人员以及外聘专家组成的。智慧图书馆的智慧服务团队应该也由团队构成，涉及图书馆业务的各方面。

以上海交通大学为例，自 2008 年起，上海交通大学图书馆采用岗位分类管理制度，对 200 多个岗位的职责和要求进行了全面梳理。馆员分类可以按其专业程度分为学科服务馆员、资源建设馆员、技术支撑馆员、图书馆管理馆员四大类；按照岗位内容专业程度的基准，可以将职位分为辅助型、技能型、特色专业型、专家级、领军型五个层次。

三、高校智慧馆员的核心业务

教学与科研是高校的核心任务，而高校智慧图书馆作为学术机构，承担着为教学和科研提供支持的重要责任。在智慧校园环境下，高校智慧图书馆的首要任务是以最智能、最适宜、最完备的服务为教学和科研提供支持，有力地促进智慧校园的教学和科研活动。因此，智慧馆员的关键工作是走入教学领域、融入科研进程，全天候为教学和科研提供智能化服务。

（一）为教学提供智慧服务

智慧馆员作为联合教员主要负责以下三项任务。

①促进嵌入信息素养教育的实施。在开设专业课之前，智慧馆员会与任课教师展开交流，以便充分了解教学大纲的细节、课程的进展情况，以及作业内容和要求。除此之外，智慧馆员还会通过问卷调查认真了解学生的信息素养水平和个人需求特点。在此基础上，智慧馆员会确定信息素养教育的具体内容、教学方式、教学时间，以及在整个教学进程中嵌入课程的时机。为了最优化信息素养教育的效果，智慧馆员建议在学生积极寻求信息时进行教育。智慧馆员可以在老师布置作业后，以课堂形式讲解学科信息的搜索方法和技巧等知识，学生完成作业后再以讨论的形式让他们分享搜索心得，最后智慧馆员对他们的表现进行评价。将信息素养教育纳入学科课程体系中可以实现两者的互相促进，取得更好的教育效果。

②推动创新教育的实施。在现代社会，知识经济占主导地位，高等教育的主要目标是培养和塑造具备创新意识和能力的高素质人才。作为智慧服务的实际执行者，智慧馆员应该与专业教师一道承担重任，共同开展创新教育。智慧馆员可以通过不同的方式，如专题讲座、沙龙等，向学生介绍最新的科研成果、国内外创新型人才以及他们的创新事例，还可以通过开设《科学创造史话》等选修课程，培养学生的创新意识，让学生意识到创新无所不在。除此之外，智慧图书馆的管理员应该采取多种方式来培养学生的创新能力。一方面，他们可以针对不同专业设置选修课程，如《创新思维方法》《创造发明技法》等，通过讲解大量与特定专业相关的实例，深入浅出地教授创新技能。另一方面，学校还应该促进学生积极融入专业教师的科研团队以及大学生创新项目中，指导学生选择研究课题，引导学生开展研究并支持学生完成项目。

③实施情境式教学。情境学习理论认为，情境是认知活动的根基，学生只有在具有意义的环境中学习，才能掌握知识。因此，智慧馆员应根据相关课程的教学内容和要求创造真实或高度仿真的环境，如外语实战培训室、模拟法庭、新闻采编实验室等，让学生参与真实或仿真的活动，并及时提供指导和帮助，以提高学生运用知识探究和处理现实问题的能力。

智慧馆员作为顾问主要承担以下两项工作。第一，为学生提供教学参考材料，并提供课外读物的指导。一是智慧馆员可以通过参加教研或教学工作会议、定期与院系师生沟通等途径，深入了解教学进程和学生需求，从而更准确地把握教学动态。二是智慧馆员应关注学生的需求且及时查看学术发展趋势，收集整理并加工原始信息来形成有用的知识产品。三是智慧馆员可以定期按照教学进度将这些知识产品和其他参考文献推送给学生，指导学生阅读参考文献，帮助他们培养阅读和思考的习惯。第二，在网络教学平台提供助学服务。学校可在网络教学平台中设置“智慧馆员讨论板”，由智慧馆员负责维护，他们的主要职责是指导学习。当学生在学习或应用某方面知识过程中遇到问题时，智慧馆员要及时给予准确的解答，并根据学生的学习情况主动提供相关领域的知识，以促进学生对该知识的正确消化吸收。此外，智慧馆员应根据学生的学习情况组织讨论并确立讨论的主题，同时对讨论进行正确引导。

（二）为科研提供智慧服务

智慧馆员应将服务嵌入用户的科研环境，成为用户科研的合作伙伴，以积极主动的姿态参与到课题的选题与申报、课题的研究、成果的转化发表等一系列科研过程中。选题与申报阶段要全面收集该选题及相关选题的国内外研究现状和趋势的信息，并撰写研究综述，与课题组成员一起分析该选题的研究价值和意义；课题研究阶段要密切关注国内外相关课题的发展动态，及时向课题组提供研究进展报告，以确保课题研究的创新性，并力争提供该课题研究所需的所有资料。

四、高校智慧馆员应具备的能力

（一）学科知识分析能力

高校智慧图书馆要求智慧馆员有较扎实的学科知识，具备学科研究的潜质，向学术化、学者化方向发展，成为某一个或某几个学科的文献研究专家。

智慧馆员要尽可能全面熟悉学科的发展概况、当前研究现状和热点、未来发展趋势等方面的知识，还要熟练掌握学科名词概念和学科热点知识，以利于与用户进行沟通，也便于查找、检索文献信息，如扩大、缩小检索范围，采用同义词替换或利用相似词搜集相关文献等。

智慧馆员要有一定的信息评判能力和学科文献鉴别能力。我国职称评定的论文关卡造就了学术的“繁荣”，但也产生了大量的学术垃圾，因此，智慧馆员必须具备鉴定学术文献质量的本领，不仅能根据文献的外在形态特征如著者、出版社、期刊社、网络评论等进行初步判断，还能根据文献内容予以鉴别并评定文献的档次等级；在向用户推送相关文献时，要能结合服务对象所处的学习或研究层次，筛选其用得着的文献，量身定制推送合适的知识文献，重点推荐创新性和学术性强的文献，摒弃伪科学或人云亦云、毫无新意的文献。

（二）教学科研辅助能力

智慧馆员要支持高校师生的教与学，要有一定的教学能力，应取得教师资格证书，具备良好的语言表达能力，能成为授课馆员。智慧馆员主要教授信息检索课程，培养用户信息素养；能开展创新教育，树立学生的创新意识、提高学生的创新能力；能组织协作式学习，将具有共同专业爱好的学生组织在一起，以学生为主体进行探讨，注重引导点拨，指引自由思考辩论，启发学生深入思考，得出正确的结论。

智慧馆员要有一定的科研辅助能力，熟悉科研流程和学术规范。智慧馆员要对 E-Resarch 进行支持，指导科研人员使用虚拟科研环境及实验设备、各种实验分析和科研创作软件；要承担提供文献的工作，掌握用户科研流程进度，定期主动提供参考资料；要辅助“数据密集型”科研模式，自身先进行“模糊搜索”，网罗课题相关方面的全部文献，借助信息分析软件设法对大规模获取的数据和文献资料进行比对，辅助科研人员挖掘出新的科学发现。

（三）新知识快速吸收能力

新的服务理念推进图书馆技术的革新，无缝化、无障碍、集成化、泛在化、嵌入式和智慧服务的实现需要 RFID、语义网、可视化、虚拟现实等技术的应用。计算机科技的发展越来越快地应用于图书馆，短短数年，Web2.0 技术掀起了图书馆 2.0 的热潮，3G 技术推动手机图书馆的发展，如今 5G 技术也正在以迅猛之势影响高校智慧图书馆的建设；云计算技术又促进了云图书馆的兴起；博客在图书馆的应用方兴未艾；微博亦已广泛应用于图书馆信息发布、参考咨询、服务推广等。所有这一切都表明，新技术发展突飞猛进，智慧馆员要能熟练掌握和利用这些技术，就必须具备良好的知识吸收能力。

高校智慧图书馆事业仍然需要专业人才的维护，建立行业准入机制是广大同行一直在致力发展的事情。高校各馆应根据自身情况制定合理的准入门槛，让具有优秀素质的人才得到合理利用。除准入之外，进入该行业之后，良好的培训与发展机遇同样是吸引人才的法宝。

第二节　高校智慧图书馆数字资源建设

一、数字资源概述

数字资源是由计算机、通信和多媒体等技术构建而成的信息资源，以数字形式发布、存取和利用。它是文献信息的一种表现形式，涵盖了广泛的信息资源类型。就数据组织形式而言，它可以分为多种类型，如数据库、电子期刊、电子图书和网页信息等。就数据存储介质而言，它可以分为磁介质和光介质两种类型，磁介质的种类涵盖了软盘、硬盘、磁盘阵列、活动硬盘、优盘、磁带等；常见的光介质包括 CD、DVD、LD 等。数字资源通常会被存储在各种介质上，如硬盘、磁盘阵列、磁带以及 CD、DVD、LD 等。就资源提供者而言，它可以分为商业化和非商业化两类。商业化数字资源是由一些商业机构、出版社以及其他机构提供的，以商业化形式呈现，包括但不限于爱思维尔公司（Elsevier）提供的统计数据系统（SDOS）、埃塞俄比亚电力公司（EBSCO）提供的全学科学术全文数据库（Academic Source Premier）、中国期刊网等数据库。这些数据库需要图书馆购买使用权，然后提供给特定的读者群体。数字资源是具有庞大数据量、涵盖丰富内容的资源，在图书馆发展中具有重要的地位和作用。机构自建的特色资源库、开放获取资源、机构典藏资源库以及其他免费在线资源，皆属于非商业化数字资源。这些资源不仅由图书馆自行建设，还可以免费从网络上获得。图书馆特色资源库一旦建成，就可以凭借商业化形式进行运作。此时，它被其他图书馆视为商业化数字资源。

（一）数据库

数据库（Database）是用来存储和管理数据的仓库，它按照特定数据结构组织数据，已经有 60 多年的发展历史。随着技术和市场的发展，特别是在 20 世纪 90 年代以后，数据管理不再只是简单地存储和管理数据，而是提供了更多用户所需要的数据管理方式。数据库包含多个种类，其功能涵盖了存储各种数据的表格和具备大规模数据存储能力的大型数据库系统，这些各有所长的数据库系统被广泛应用于多个领域。

在信息化时代，恰当地管理和利用各种信息资源是进行科学研究和决策制定的必要前提。数据库技术是管理信息系统、办公自动化系统、决策支持系统等一系列信息化系统的核心要素，是科学研究和管理决策不可或缺的重要技术手段。数据库的基本结构分为三个层次，它们分别反映了三种不同角度对数据库的观察方式：内模式被视为数据库的框架，因此以内模式为基础构建的数据库被称为物理数据库；当以概念模式作为其组织框架时，就被称为概念数据库；用户数据库是经由外部框架所构建的数据库系统。

1. 物理数据库

物理数据库位于数据库最内层，包含了实际存储在物理设备上的数据。这些数据属于用户要加工的目标数据，它由位串、字符和字组成，即由内部指令操作和描述的模式所定义。

2. 概念数据库

概念数据库位于数据库中间层，是对数据库的整体逻辑说明，即反映数据逻辑定义与数据之间存在的逻辑联系，属于存储记录集合。概念数据库强调的是对数据库对象的逻辑联系的揭示与反映，是数据库管理员概念。

3. 用户数据库

用户数据库指的是能够被一个或多个用户使用的数据库，它代表了一个或多个特定用户所使用的数据集合，是由逻辑记录组成的集合。在用户数据库中，不同层次之间的联系是通过映射的方式实现转换的。

（二）网络数据库

计算机网络有一个明显的特征，即允许多个用户共享资源。利用数据和资源共享这两种技术进行结合，可以得到一个广泛应用的网络数据库，也被称为在线数据库或 Web 数据库。

网络数据库指的是由后台数据库和前台程序相结合，在浏览器上进行的数据存储和查询等操作的信息集合。从应用角度来看，网络数据库是一种可通过浏览器和服务器进行交互的数据库系统。

网络信息资源指的是将信息以电子数据形式存储在非印刷介质（如光盘、磁盘等）中，并利用网络通信技术，通过计算机或终端设备呈现出来的各种形式的信息资源，包括文字、声音和动画等。

网络数据库是信息检索与计算机技术相结合的产物，其主要含义就是信息化的“存取”。现代化信息检索可以追溯到 20 世纪 50 年代，数字式计算机诞生后，人们开始研究将其应用于信息检索，并于 1951 年首次利用计算机进行文摘检索试验，初步证明了它的技术可行性；1953 年建立了单元词检索系统；1954 年 IBM 公司的研究中心和美国海军兵器中心图书馆分别在 IBM-701 机上开发出计算机信息检索系统，它标志着现代信息检索系统的诞生。

20 世纪 60 年代是信息检索开发和实用化时期。一批传统出版商和图书馆如美国国立医学图书馆（NLM）和美国化学文摘社（CAS）等开始建立自己的计算机检索系统。美国麻省理工学院（MIT）开发的联机检索系统的记录中含有引用文献目录，可以使用布尔检索、截词检索、引文检索和书目耦合技术。叙词法也开始在计算机检索系统中应用。

20 世纪 70 年代是计算机信息检索的成熟发展时期。计算机技术在这一时期有了重大进展，如分时计算机、带终端的远程处理系统、廉价的大容量随机存储器（磁盘存储器）、分组交换网等技术得到了发展，这推动了计算机检索技术的发展。数据库迅速增长，全文检索开始走向实用化。

20 世纪 80 年代是信息检索全面发展和多元化发展的时期。这一时期全文检索开始普及，光盘检索技术出现，自然科学类数据库继续增加，同时社科、经济、人文类数据库也不断增多，个人计算机的出现使得检索更加方便和频繁，计算机检索从较多地存在于科研领域逐渐向人们日常生活的检索转移。1988 年，信息检索界重要标准 Z39.50 协议颁布，使得多点异构数据库的检索和不同系统之间的通信得以实现，对信息检索产生了重要影响。

20 世纪 90 年代以后是互联网检索发展时期。互联网的出现使得网上信息数量呈几何数字增长，同时它又是无序、散乱的信息集合，人们需要一种简单易用的工具来方便地实现检索，从而迅速获取所需的信息。网络搜索技术在这种情况下应运而生，1994 年，以利科斯（Lycos）、搜信（Infoseek）等为代表的第一代搜索引擎诞生，此时的检索系统响应时间还比较长。1998 年以谷歌（Google）为代表的第二代搜索引擎诞生，大大方便了用户的检索行为。2000 年 1 月，百度公司成立，它是目前世界上最大的中文搜索引擎，它的出现极大地方便了中文用户使用网络。

常见的中文网络数据库有中国知识基础设施工程、维普期刊资源整合服务平台、万方数据知识服务平台、北大法宝数据库、中国经济信息网等。常用的外文数据库有科学引文索引（SCD）、工程索引（ED）、爱思维尔（Elsevier）、多伊（DOAJ）等。

（三）电子图书

电子图书是一种数字化的图书，其可以将文本、图片、音频、视频等信息以数字方式存储在磁盘、光盘、电子介质等存储设备上。这样，用户就可以利用计算机或其他电子设备来获取它，并且可以进行拷贝和共享。电子图书与传统书籍还有很多共同特点，如它们都能提供一定的信息（如文字和插图），以符合读者阅读习惯的方式，并向读者传达某种特定信息。

此外，电子图书还有其独特的优势。第一，电子图书能够提高信息检索的效率，其可以通过电子计算机设备屏幕传播信息内容，拥有图文声像一体化传播的优势，可供读者检索查阅和复制，包含更多的信息容量和更广的发行范围，体现出较强的性价比特征。第二，电子图书是基于数字技术实现的资源传播，并以磁性存储介质取代纸质存储介质。相对来说，磁性存储介质可以大大扩充电子图书资源的存储空间，提高电子图书的使用效率。第三，电子图书还包含多种媒体元素，如图片、声音和影像等，这使电子图书的知识性内涵得到了延伸。第四，随着科学技术的不断发展，传统知识电子化的进程也在不断加快，传统书籍以电子图书的形式呈现在读者面前，为读者获取更多的知识提供了便捷的渠道。目前，电子图书的主要格式包括PDF、EXE、CHM、UMD、PDG、JAR、PDB、TXT、BRM等，其适用于多个移动终端设备。其中，UMD、JAR和TXT是手机终端较为常见的电子图书格式。

可见，电子图书具备的使用便捷化和用途专门化特点大幅提升了读者的阅读体验，尤其是电子图书配备的大屏幕液晶显示屏和上网芯片能够方便读者从互联网中购买并下载电子图书资源，而电子图书内置的大容量或超大容量存储空间更满足了用户个性化的下载需求。

（四）电子期刊

电子期刊即以电子形式发行并存储至网络期刊平台上的出版物，也可称为电子出版物或网络出版物。电子期刊包含两类，分别是基于传统纸质期刊的数字化版本及利用网络在线出版的电子期刊。其中，利用网络在线出版的电子期刊是完全基于网络环境进行的，其整个流程包括生产、编辑、发行等，这是区别于传统印刷型期刊的本质特征。

电子期刊以新兴传播介质和技术为支撑，通过信息加工处理和技术检索，生产、编辑、发行用以满足读者信息需求的出版物。电子期刊拥有丰富的文本呈现形式，融文字、声音、视频、音频等为一体，体现出较强的内容交互特征。除此之外，电子期刊附有的超链接等功能，进一步增添了电子期刊内容的阅读趣味。

概括而言，电子期刊作为电子机读杂志，其在计算机技术和数据存储容量的加持下，进一步提升了读者的信息检索效率和使用体验，并扩充了读者储存电子期刊资源的容量空间。电子期刊不仅以文字和图片呈现内容，还可以用声音、图像等多种媒介表现形式，让读者视听兼顾，获得更加丰富生动的阅读体验。此外，电子期刊可提供丰富的感官体验，使用电子索引、随机注释等工具，体现出了信息时代的独特特征。

（五）网页信息

网页是组成网站不可缺少的要素，它为各种网络应用提供了支撑与载体。一个由标记语言编写、存放在互联网上某个地方的，包含各种格式化标记的文件，通常被称为网页或者HTML文档。用户可以在浏览器上打开这些文档，通过链接和内部导航方式与其他文档进行交互。用户通过图像文件来在网页上呈现图片，并且需要使用网络浏览器进行查看。

文本是网络页面中传递信息和沟通的主要手段，具有重要的信息载体和交流功能。在网页中，文本是最为重要和主要的内容形式。图像和图像元素扮演了传递信息和呈现视觉内容的重要角色，这些元素可以是静态的，也可以是动态的。网页中使用的图像可以分为两种类型：静态图像和动态图像。静态图像可以是光栅图像或矢量图像，通常以 GIF、JPEG、PNG 等格式呈现，也可以是矢量格式如 SVG 或 Flash。动态图像常见的文件格式包括 GIF 和 SVG。在多媒体和视频网页中，声音扮演着不可或缺的角色。视频文件采用网页形式呈现，呈现效果更为生动有趣。表格可用来在网页中控制页面信息，这种布局方式更有条理。一个网页的导航栏是由一系列超链接构成的，这些链接指向网页中最重要的页面，用于帮助用户快速地找到其所需要的信息。表单是一种与用户进行交互的方式，可以用来收集用户在网页上输入的数据，并将其上传至服务器数据库。使用服务器数据库，可以使表单在客户端和服务器端之间进行交互。

网页中包含的发布内容皆可归为网页信息。网络中搜集到的信息量很大，但其中的可信度千差万别，为了获取准确的信息，用户需要认真甄别。网页上最常见的内容包括学习资源平台、政府组织公布的数据统计和专业领域的分析报告等。

二、高校智慧图书馆特色数据库建设

（一）高校智慧图书馆特色数据库建设原则

为了评价一所高校智慧图书馆信息资源建设的水平，特色数据库的开发与建设已经成为一个重要的检验标准。智慧图书馆应该以满足本校以及本馆的需求为基础，构建一个本地高等教育和资源领域的信息资源数据库，特别需要优先考虑建设那些能够满足教学和科研需求，并且能够发挥学科专业特色和具有明显使用效益的重要数据库。在建立特色数据库时，必须坚持“四性”原则。

1．坚持规范性原则

高校智慧图书馆特色数据库建设保证质量的基础是标准和规范，只有这样才能确保信息资源共建共享。在特色数据库的各个环节，从资源建设到平台建设都必须遵循规范性原则，因此，数据采集、著录、标引、加工和录入等环节均需要符合规范性要求。只有确立并遵循数字处理、资源描述、资源组织、资源共享以及资源服务等标准和规范，才能保证数据库的可用性、可操作性和可持续性。

2. 坚持独特性原则

特色数据库建设的核心在于资源内容的独特性。不同的特色数据库在内容上存在明显的差异，因此，我们必须从多个维度和途径收集各种有价值的特色信息资源，并对这些数据库的内容进行进一步的丰富和完善。具有特色的数据库在内容设计上应当展现出明确的资源特色，如地理位置特色、专题内容特色和学科特色等。在构建特色数据库的过程中，高校智慧图书馆应当最大限度地利用其专业、资源和技术上的优势，特别是那些能够展现其馆藏、学科和地方特色的资源。高校不应追求完美，而应强调本校和本馆的独特之处，同时要考虑数据库在这个行业中是否具备独特和权威的地位。另外，服务模式也需要具有独特性，各个高等教育机构的智慧图书馆应当确立以特色服务为核心的理念，并充分发挥其资源上的优势，以提供具有特色的服务。

3. 坚持实用性准则

建设特色数据库的核心目标应当是更有效地利用本馆丰富的馆藏资源，确保其能被读者充分使用。因此，在构建数据库的过程中，高校应当坚持“以用户为中心”的理念，深入研究和了解用户的信息需求，全方位地评估数据库的实际应用价值（包含所产生的社会效益和经济效益），确保所创建的数据库能够满足读者和社会的需求，并进行深度的开发，从而达到增值的目的。对一个特色数据库的价值和存在意义进行评估，关键在于它是否具备实用性和用户友好性。在建立数据库的过程中，高校需要与行业专家紧密合作，遵循实用性的原则，确保所建特色数据库的操作流程简洁、检索效率高，可以提供周到的服务。

4. 坚持共享性原则

在特色数据库建设过程中，共享被视为充分利用特色数据库的功能和价值的核心。通过共享，高校可以降低特色数据库的开发、维护和使用成本，并鼓励更多的用户参与到特色数据库的建设过程中。例如，通过收集用户的反馈信息，高校可以提高特色数据库的建设质量和整体质量。因此，在建设特色数据库的过程中，高校必须迅速改变“各自为政”的现状，实施分工合作和联合建库，通过相互协作来提高开发和利用特色资源的综合能力，从而实现特色资源的合理配置和高效利用。

（二）高校智慧图书馆特色数据库建设的问题

1. 特色数据库建设标准不统一

为了实现数字资源的共享访问，标准化和规范化是至关重要的，而创建具有高校特色的数据库，其核心目标正是推动资源得到更广泛的使用。随着云计算技术的发展以及大数据时代的到来，高校特色数据库的共建与共享已成为大势所趋。目前，高校特色数据库建设面临着标准不一致的严峻问题。由于没有统一的数据标准规范，所以各高校的信息资源共享程度不高，不能有效地整合各种异构资源。在构建特色数据库的过程中，大部分高校的智慧图书馆面临着元数据标准、用户界面标准和资源检索标准等不统一的问题，这使得资源在图书馆内部的共享变得困难，从而不利于资源的有效利用和迁移。尽管各个高校的智慧图书馆都使用了相同的技术平台，但在资源元数据管理和元数据提供等方面，尚未建立统一的数据标准，这导致特色数据库无法实现图书馆之间资源的深度整合。

2. 资源组织方式单一

一个健全的资源组织结构能够帮助用户更高效地访问各类资源。然而，在多数高校的特色数据库中，资源的组织模式往往过于简单，通常仅根据标题或作者等外部资源特性进行组织，而没有通过深入挖掘资源的内容特性来从内容角度对资源进行合理组织。

3. 特色数据库的交互性较差

增强系统的交互性可以增加系统的黏性，提高资源访问的频次，并吸引用户进行长时间的使用。因此，交互设计是高校特色数据库建设中不可忽视的重要问题之一。在当前阶段，大部分高校的特色数据库主要是为用户提供单向服务，缺乏交互功能，这导致用户无法对其资源进行有效评估，也不能对感兴趣的资源进行个性化的管理和利用。

4. 资源检索功能存在不足

在特色数据库中，资源的浏览和检索成为用户获取资源的主要途径。尽管强大的资源检索功能使用户能够迅速地找到所需的资源，但大部分现有的特色数据库仅提供资源查询功能。因此，为特色数据库提供全文检索和布尔逻辑检索等功能变得尤为关键。目前已有很多研究人员致力于提高检索效率，在当前的特色数据库检索中，增强检索能力并对检索的结果进行再次整理是一个亟待优化的环节。

三、高校智慧图书馆特色数字资源建设步骤

（一）特色数据库建设选题分析

选题是高校建立智慧特色数据库的初始阶段，也是整个建设项目中最为关

键的一环，好的选题能够保证数据库具有较高的学术水平和利用价值。高校智慧图书馆特色数据库应以服务于读者为目标。为了使智慧图书馆的特色数据库最大限度地利用其独特的信息资源，高校必须高度重视数据库建设前的调查研究，进行深入的可行性分析，并选择用户真正需要的数据库作为研究和开发的焦点。

1. 特色数据库建设选题原则

在特色数据库建设中，选题起到了决定性的作用。在确立高校智慧图书馆特色数据库的选题时，应以图书馆的馆藏特色为基础，以学校的研究优势为起点，根据学校的学科建设需求，围绕图书馆特有的服务对象和任务，有针对性地检索和查询特定领域、主题的文献信息资源，以体现图书馆的馆藏特色或地域特色，并据此确定特色数据库的建设方向。在选择建设高校智慧图书馆特色数据库的选题时，应当遵循以下原则。

（1）避免重复

鉴于高校的资源如人力、物力和财力都相当有限，重复的建设可能会造成巨大的浪费，因此，高校应当努力避免因重复建设而产生的各种负面影响和问题。在特色数据库的初步建设阶段，高校需要对我国现有或正在建设中的特色数据库的信息资源分布进行深入和细致的研究，并通过深入的论证来确定其核心主题。

（2）内容和形式上是否体现特色

在选择特色数据库的内容和编排方式时，高校主要关注其是否具有明确的资源特色，如是否能够充分展现地方、学科和高等教育的独特性，从而形成其独特的优势，满足用户对特色信息资源的需求。同时，高校还需要考虑该数据库是否在本专业领域或全国高等教育机构中具有独特的权威性，以及它是否是其他综合数据库不能替代的。

（3）选题是否突出自身优势

高校在经历了长时间的学科建设与发展后，其核心学科领域已经显示出了不可替代的优越性。因此，建立与之相适应的学科分类体系是一项非常重要的工作。在选择主题时，高校需要充分利用学校在专业、资源和技术上的优势。同时，还需要考虑新建立的特色数据库是否是基于学校相关重点学科的长期积累，是否将特定的专题、交叉学科或前沿学科作为主要的研究对象，以及它是否能够在未来的一段时间内保持领先地位。

（4）是否具有较高的学术价值和利用价值

高校需要评估新建的特色数据库在国内外的学术价值，以及它是否能够满足科学研究的需求。此外，高校还需评估其实际应用价值。因此，高校在选择特色数据库的建设主题时，必须基于用户的实际需求，同时也要考虑教学和科研的真实需求，以及数据库的实际应用价值和需求程度。

在特色数据库开发与建设中，选题的重要性不言而喻，一个优质的选题应基于深入的调查、研究、分析和比较进行确定。特色数据库选题具有广泛性、针对性和实用性等特点。在选择题目时，除了要突出其独特性，还需确保其目标用户明确。因此，高校在选择特色数据库的主题时，应始终坚持需求优先、突出特色、优势互补和避免重复建设的基本原则，从用户角度考虑，围绕学科优势进行选题。综合来看，高校的智慧图书馆在正式建立之前，应基于深入的调查和论证，结合图书馆的独特馆藏、文献特色、人员、物资和资金等实际情况，以及社会的发展需求，来选择最合适的主题。

2. 特色数据库建设选题方法分析

高校在建设特色数据库时，选题的确定必须经过充分的论证，以确保其具有鲜明的特色。特色数据库建设应该从学校发展实际需要出发，根据学科特点和人才培养目标选择有针对性的项目。

（1）需求分析法

任何具有特色的数据库都是为了满足“用户”的需求，并以用户的利用率作为评估数据库建设价值的标准。因此，高校在选择特色数据库的主题时，必须全面考虑社会的需求，深入了解和掌握读者和用户的需求。分析需求时，可以从两个维度开始。首先，从各种资源中筛选出用户的特定需求，也就是从学校的藏书或在线资源中挑选出用户使用最为集中的信息资源；其次，从用户的实际需求中筛选资源，也就是基于用户的具体需求，从图书馆的藏书或在线资源中筛选出所需的资源。

（2）系统分析法

通过集成管理系统，高校对馆内资源的利用率进行深入的监测和分析，并对借阅率、续借率、预约率较高或读者高度关注的教学参考资料进行数字化处理，进而将其转化为电子格式的文档。

（3）读者调查法

为了收集读者对于特色数据库或数字化资源建设的各种需求和建议，高校可以采用在线调查和问卷调查等多种方式进行。在进行数据库建设之前，高校需要组织相关人员对我国数据库信息资源的分布情况进行深入的调查。基于这些调查，根据馆藏信息资源的现状、主要学科的设置以及服务对象的具体需求等多个因素，来确定合适的数字化建设项目的主题范围和文献类型。高校还可以采用在线调查或问卷调查的方式，来了解拟建选题的特色数据库在社会需求方面的覆盖范围，以及它是否具有良好的社会效益和经济效益，这样可以更有针对性地确定与实际情况相符的项目选题，从而避免重复的建设工作。

（4）专家评估法

专家评估是一个关键步骤，用以确保和提升高校特色数据库的建设质量。基于上述三种选题方法，高校确定了特色资源库建设的候选主题，并将这些候选主题推荐给相关领域的专家。这些专家会对选题进行深入的定性评价和定量评价，并打分，最后选择最适合的主题用以建设特色资源库。

高校在建设智慧图书馆的特色数据库时，必须全面考虑图书馆性质、信息资源、服务受众以及用户的具体需求等因素。在进行了深入的分析和多次的论证后，通过对用户的调查以及专家评估，才能确定智慧图书馆的特色数据库建设主题。在整个建设过程中，高校必须始终坚持“用户为中心，需求为先”的理念，确保所创建的特色数据库始终具有实际应用价值、前沿技术水平和持续发展的潜力。

（二）特色数据资源收集与整理方法

高校特色数据资源的搜集在数据库建设过程中占据至关重要的位置。对收集到的各种类型和载体的原始信息资源进行深入的分析和筛选是信息资源整合的核心任务。

1. 特色数据资源收集原则

高校特色数据资源收集构成了特色数据库建设的核心，而在特色数据库的建设过程中，特色数据资源收集必须体现系统性、完整性以及权威性。因此，在进行特色数据资源收集过程中，高校需要明确特色数据资源收集范围、信息来源种类、数据库种类、信息来源路径、数据收集标准以及数据收集所需的时间等关键因素。

高校特色数据资源收集应当遵循几个核心原则。第一，需要明确特色数据资源收集的范围，包括地域、学科、文献种类以及时间限制等方面。同时也应注意不同来源的信息应该具有一定的独立性和完整性，不能相互干扰。第二，在数据源的类型选择上，高校追求的是“完整”，即尽可能多地搜集各类文献资料（如图书、期刊、会议论文、学位论文、专利文献、图像、音频、视频等多种不同类型的文献资料），并将之转化为有价值的信息内容。同时要注重对不同来源和形式的数据文献资料采用统一规范的格式。第三，在特色数据资源收集的过程中，高校需要拓宽一个“广度”。高校不仅需要充分利用本馆的馆藏文献资源，并将这些印刷型的特色文献资源进行数字化处理，还需要挑选本馆已经购买的电子全文数据库，并将与该数据库相关的内容下载、处理、重组，将其整合至自建的特色数据库中。第四，在数据采集过程中要注重准确性和及时性。高校需要开展必要的外部调研，也就是收集全国各所院校、研究机构和行业协会的信息资源，这样就可以确保馆藏特色文献检索系统能够有效运行，为读者提供更为便捷和全面的服务。第五，在制定特色数据资源收集标准时，高校需特别注意“专”的重要性，这样才能使特色数据资源具有针对性和代表性，确保所收集的数据与创建的数据库在选题定位上是一致的，避免因过度追求特色数据资源量导致信息具有复杂性。第六，在特色数据资源收集过程中，高校应遵循“宽”的原则，即尽可能引用最新资料和最新成果，尽量不引用过时或错误资料，以保证研究结果的准确性。对于文献信息，更早的收录时间和更全面的收录范围都是更为理想的选择，因为时效性是评估特色数据库建设质量的关键因素。

综合来看，高校特色数据资源收集必须基于对信息资源的准确评估、整体规划和高效甄选，而不是仅仅依赖经验或主观判断来决定是否选择这些特色资源。只有这样才能避免由于缺乏科学而准确的信息资源评价体系造成的盲目建设，从而提高特色数据库的利用率。高校必须确保收集到的资源是高质量的，力求其具有专业性、全面性和独特性，以确保所选资源能够直接服务于教育和科研活动。同时，高校需要确保各类信息资源的分类是清晰的，并能持续、有序地进行整合，从而确保特色数据库的完整性和即时性。

2. 特色数据资源收集途径

通常，高校特色数据库的数据主要来源于三个方面：第一，对馆内特色文献的整合；第二，关于网络信息资源的搜集，也就是从综合数据库中挑选出有其独特之处的资源，然后进行收集、分类、保存，或者通过共享链接来利用数据资源；第三，通过全方位地收集学校师生的科研成果、整理本学科的非正式出版物，以及进行实地考察等多种方式来搜集建库所需的资源。

（1）整合特色馆藏资源

在建设特色数据库时，高校应优先挑选现有馆藏资源中的特色文献，因为这些馆藏特色文献资源是最易于利用的资源。同时，也应该注重对本校已有馆藏特色文献资源进行二次开发，以更好地发挥其作用。通常情况下，高校的智慧图书馆在经过漫长的时间发展后，已经积累了相当完整的信息资源。目前，高校图书馆所拥有的信息资源可分为纸质和非纸质两种类型。除了传统的印刷文献信息资源，还涵盖了光盘、录像、电子书和电子期刊等多种形式的文献信息资源。这些文献信息资源在内容上丰富多样，涵盖历史、哲学、文学、艺术、科技等各个方面的知识和研究成果，有较高的参考价值，特别是那些学术价值和研究价值高、具有鲜明特色的历史文献信息资源，虽然数量相对较少，但具有数据准确、高度相关和不涉及知识产权的优势。因此，这些文献信息资源作为建库的主要信息来源，应该得到充分的挖掘和利用。

高校智慧图书馆建设特色数据库能够充分利用传统图书馆中那些受欢迎、有价值的本学科独特馆藏资源，特别是在涉及重点学科的文献方面，需要格外关注收集到的资料是否具备专业性、学术性以及权威性。通过调研，高校利用本馆馆藏文献信息资源在某一领域具有的优势开发重点数据库，以吸引用户，并扩大高校智慧图书馆的社会影响力，这样做可以为未来与其他高校智慧图书馆的合作打下基础。

（2）充分利用网络信息资源

高校智慧图书馆特色数据库建设的关键在于充分利用网络信息资源。网络信息资源通常包含大量的信息，并且使用也非常方便。因此，网络信息资源是一个“取之不尽，用之不竭”的资源来源。收集网络资源成为最近几年高校建设特色数据库的重要途径之一。在建设特色数据库时，高校可以运用搜索引擎收集网络相关信息，以确定收集范围和文献类型；在寻找符合研究主题的信息时，高校应通过筛选和系统分析，将结果添加至特色数据库中。此外，高校还可以利用网络数据，通过共享链接的方式进行共享；利用网络信息资源时要严谨，确保信息质量，以免不可靠信息进入数据库；有选择地从网络获取资源并下载，这样可以在确保信息质量的前提下加速特色数据库的建设进程，并节省经费；优化高校馆藏特色数据库的内容及搜索功能，可使用户更轻松地查找到所需信息。在收集网络信息资源时，高校需要遵守版权法律的相关规定，谨慎而合理地使用这些资源，以保护作者的知识产权。

（3）全面收录本校师生的教学科研成果

教师和学生不仅是信息资源的使用者，而且具有创造和提供信息资源的能力。因此，高校必须高度重视师生在教研方面获得的成果，并将这些成果视为特色数据库资源建设的重要组成部分。此外，高校还需留意符合馆藏特色的非正式出版物，这些出版物涵盖一些极具参考价值的信息，如学位论文、专家学者的授课演讲和学术报告的录像资料等。

3. 特色数据资源的加工整理

高校基于特色资源建设智慧图书馆数据库，应以有效满足用户需求为基本出发点，并对所收集的原始信息资源进行深度加工处理，从海量的原始信息资源中筛选、提炼出有用的信息和知识，并将其整合、精炼、聚合，以供用户直接使用。在加工处理馆藏文献信息资源之前，高校必须进行反复检查，以确保没有重复加工相同的文献题名和作者信息。此外，在进行加工处理时，高校必须遵循标准化原则，确保存储媒介、文件格式和转换程序的规范化，以确保文档的一致性。

信息加工处理技术包括自动标引、人工标引和元数据管理等相关技术。通过使用主题词表和分类表，自动标引技术可以自动识别和标注数据资源的主题及其分类属性。人工标引即利用人工对信息进行分类标引和主题标引，使信息在不改变原意的前提下更易被搜索和查找。然而，由于标引员的水平参差不齐以及信息资源本身存在歧义，所以即使是相同的文献，不同的标引员标引时也有可能造成结果差异。使用自动标引能够验证人工标引是否正确，并做出必要的修正。在管理、处理信息资源时，高校可以运用元数据技术对相关信息资源进行描述和定位；用户可以利用这些资源的元数据信息快速精准地检索目标信息资源，而不必浪费时间逐一浏览大量的内容。

（三）特色数据库系统框架研究

高校特色数据库系统的具体建设框架会受到建库主题、建设模式和资源载体类型等因素的影响。在设计特色数据库系统框架时，应当遵循以下原则。

1. 实用性与可用性原则

在设计整个项目时，需要体现易于学习、使用简单、界面设计清晰明了、个性化以及符合人性化的设计原则，从而确保系统能够高效地运行并提高用户使用效率。此系统的开发技术应是成熟的，所使用的应用服务器、数据库和安全系统也应是商业化的。系统的成熟程度和稳定性都已经得到验证，并且实用性已经经过了严格的论证和测试。

2. 先进性与成熟性原则

建设智慧图书馆应确保特色数据库不会发生冗余建设的情况。当进行系统设计时，高校需要注重系统的可持续性和未来扩展性，应该设计面向企业的资源优化解决方案，而不仅是单纯的信息管理功能。高校可以利用现代的技术架构，通过容器化和服务化的方式，将所有应用程序集成到一个容器内，并使用通用的服务引擎提供系统所需的通用功能。这样，每个应用程序只需要专注于实现自身的业务逻辑，而系统所需的通用功能则由通用服务提供。先进的服务和组件技术以及相关理念在未来的若干年内将继续保持优势地位。这种技术在业内已被广泛使用，并且已被证明成熟、可靠。应用软件的发展呼吁提倡平台化、集成化和人性化，因此技术与设计方案应当以此为导向。基于这个基础平台，教育行业将探索全新的应用软件技术发展方向。

3. 开放性与标准化

高校特色数据库建设所采用的总体计划旨在构建一个符合业界主流技术标准、开放性的资源系统平台。这个平台能够独立存活，不会受到网络、硬件和软件环境以及通信环境的影响。由于系统平台采用宽松的模块结构，所以用户可以轻松地增加不同的功能模块以满足其需求。为了使用户能够按照工作需求快速、轻松地添加必要的功能应用，系统的后台管理平台需要集成工作流引擎。另外，为确保标准的一致性和适用性，高校必须严格遵守全国信息技术标准化技术委员会教育技术分技术委员会的规则或其他有关标准规范，完成资源采集、加工、描述和服务提供等工作。高校还可以根据自身实际情况制定自定义标准，做到系统标准化。

4. 可扩展性与易升级性

由于系统的长期性和多样性，高校在系统的建设和应用过程中必然遇到各种扩展需求，如不断扩大的业务规模、种类以及整合范围等。随着时间的推移、信息技术的发展和资源采集能力的提高，高校也许会进一步拓展功能模块。高校特色数据库系统的各个模块之间彼此独立，而且它们之间的接口非常明确。改进内部业务流程不会对其他模块的运行造成影响。该系统采用了如组件 EJB、Web Services 等开发工具，使得各模块能够轻松插拔和二次开发，同时还为后续开发提供了 API 接口等功能，因此该系统可扩展性和易升级性极佳。

5. 可靠性与稳定性

确保系统在各方面，包括基础设施、软件、技术、设备性能、应用设计和系统管理等方面的稳定运行，并以此保障系统具有最长的平均故障时间，将注意力集中在不同资源的访问模式上，并优化缓存、静态页面和存储控制等因素，以确保高校特色数据库系统的稳定性和可靠性。

第四章　高校智慧图书馆的服务类型

本章为高校智慧图书馆的服务类型，依次介绍了文献信息服务、现代化资源服务、学科化服务、个性化服务、融合服务五个方面的内容。通过对这五个方面的研究可以对高校智慧图书馆的整体服务有一个系统的了解。

第一节　文献信息服务

一、文献流通服务

（一）文献流通服务的形式

文献流通服务是高校智慧图书馆与读者联系最密切的工作环节，读者对高校智慧图书馆的利用主要是通过文献借阅活动进行的。文献流通服务的形式有外借、阅览、视听等。

1. 外借服务

外借服务是智慧图书馆为了让读者更便捷地获取资料而提供的服务。读者只需要在规定的时间内按照流程办理借阅手续，就可以将馆内的文献借出馆外使用，它是一种为读者提供图书馆藏借阅服务的方式。外借的方式主要有个人外借、集体外借和馆际互借。个人外借是面向读者个人的，外借手续较简便，这类读者数量最多，是高校智慧图书馆馆员主要的服务对象；集体外借主要是面向机关团体和学校的，其特点是面向特定的读者群，外借的文献可以一人办理、多人使用；馆际互借是图书馆之间根据协议，相互利用对方馆藏以满足读者需求的外借方式。

2. 阅览服务

图书馆提供阅览服务，以便读者利用图书馆提供的设备和场所，开展文献学习和浏览活动。智慧图书馆在安排阅览室时，会考虑读者的需求和图书的分类等因素，提供不同种类的阅读空间，如通用阅览室、儿童阅览室、科技阅览室、教师专用阅览室、学生专用阅览室和盲人专用阅览室等；可以根据不同类型的文献设立相应的阅览室，如期刊阅览室、报纸阅览室、古籍阅览室和缩微阅览室等；可以按照学科类别划分，设立社会科学阅览室、文学阅览室、综合阅览室等。阅览室提供适合学习和研究的场所和设施，同时提供辅助文献库，展示各类书籍、索引和其他工具书，还有一些只供室内阅览而不外借的文献资料。阅览室可提供不同的图书借阅方式，包括允许读者自行借阅的开架服务，只允许工作人员协助借阅的半开架服务，以及需要工作人员协助借阅的闭架服务。开架阅览的优点有很多，包括：使读者能够直接进入图书馆阅览室，查找和选择所需的书籍；扩展读者的阅读范围，增强阅读的吸引力，吸引更多读者借阅图书馆的藏书；提高读者选书的效率；扩大图书借阅范围，减少文献被拒绝借阅的情况的发生；可以减轻工作人员的库存管理工作压力。另外，图书馆可建立分馆、文献流通站、巡回书车等，方便不能来馆的用户使用高校智慧图书馆的馆藏。

3. 视听服务

一般来说，视听服务是读者在提供视听设备的场所（如视听阅览室和电子阅览室）中获得的。一些光电设备可以快速而且精准地传递知识信息，尤其是在有网络连接的电子阅览室，用户可以使用一台设备享受无限的知识信息服务。现在，有的高校智慧图书馆还开展了移动阅读器的借阅工作。

（二）文献流通服务的特点

1. 不受高校图书馆时间和空间的限制

由于高校智慧图书馆接待读者的时间和空间是有限的，所以无法满足大量读者在图书馆频繁查阅文献的需求。利用外借服务，读者可以在规定的期限内自由选择合适的时间与地点进行阅读，而不必受制于高校智慧图书馆开放时间和阅览室场所，这使得读者能够更好地利用所借阅资料。

2. 降低高校图书馆工作人员的工作强度

长期以来，由于我国高校智慧图书馆读者服务手段落后、工作人员劳动强度大以及阅览室空间紧张，高校智慧图书馆读者服务工作的开展受到限制。为了解决高校智慧图书馆工作人员在服务中所面临的问题，高校需要在外借服务方面作出改革和创新，以平衡空间和需求的矛盾，减轻工作人员的负担。

3. 诱导读者潜在的需求

外借服务为读者提供的是整本书或刊物的原始文献，这种方式比较直观易懂。

在图书馆自助借阅流程中，读者直接接触文献，这会激发他们的阅读兴趣，促使其潜在的需求变成实际需求，促进阅读行为的发生。为了方便那些无法亲自或无法经常到达高校智慧图书馆的潜在读者，高校应提供巡回外借服务，以及送书上门、馆外流通、邮寄借书等便捷式的借书方式，使其能够轻松借阅所需的文献资料，以满足自身需求。

4. 不能满足读者的全部借阅需求

外借图书服务存在一些限制，如外借范围、品种和期限等，还有读者的借书权限也有限制，因此它只能为部分读者提供借书服务，无法满足所有读者的需求。

5. 文献破损率高

由于文献的流通性，其外观容易遭受磨损或损害，从而缩短了其使用寿命。

（三）文献流通服务创新

1. 大流通模式

大流通模式是高校智慧图书馆流通领域一种新的开放式管理服务模式，是一种体现科技进步的管理模式。大流通服务模式旨在整合高校智慧图书馆内各种载体资源和服务区域，打破传统刊物借阅和书籍借阅分割的模式，从而使整个图书馆成为一个统一的服务空间。高校智慧图书馆只有一个出入口，读者需要在同一个地方借书和还书。一旦读者通过刷卡进入图书馆，他们就可以自由地进出各个阅览室，无须寄存自己的物品。通过大流通服务，高校智慧图书馆能够在一个平台上实现图书藏书信息管理、借还书服务、阅读推荐服务以及咨询问答服务。大流通服务是高校图书馆发展的新型服务模式，是现代智慧图书馆发展的基本要求和未来发展方向。它不仅使读者更享受阅读体验，还提高了馆藏文献的利用率。

（1）空间格局通透化

高校智慧图书馆需要创造通透、开放的空间结构以适应当前的高度流动性环境。明亮、开阔的阅览室提供了一个理想的环境，方便读者检索、阅读、借取、咨询各类书籍和资料，并享受愉悦的休闲时光。该空间采用柱网、层高、楼面荷载“三合一”设计，具有高度的灵活性和可塑性，从而满足了阅览室书库化和书库阅览化的要求。构建新型服务管理模式的基础保障是通过这种建筑格局实现的。

（2）提高文献资源利用率

通过信息资源的集成，读者可以更加便捷地获取各种文献资源，从而提高文献资源的利用率。读者能够享有平等的图书馆服务，不再存在某些读者享有优先权的问题，这样更好地利用了馆藏资源。

（3）充分体现以人为本的现代高校智慧图书馆服务理念

读者从大流通服务管理模式中受益，在这种模式下，他们可以更方便地获取所需信息。高校智慧图书馆服务基于“以读者为中心”，这意味着高校智慧图书馆应该推崇“读者至上，服务第一”的服务理念，确保一切服务都是为了最大程度地满足读者的需求，并充分发挥高校智慧图书馆的价值。

高校智慧图书馆的整个馆藏资源在阅览流通中处于一个全开放的环境。其允许读者携带书包及已经借阅的高校智慧图书馆书籍等进入高校智慧图书馆各个区域进行阅览学习，读者可以直接看到架位上的文献，自由地挑取自己所需的资源。人性化的管理模式和多元化的功能服务，会使读者享受更加舒适的借阅体验，从而减轻工作、学习或生活带来的压力。

2. 通借通还

通借通还在高校智慧图书馆服务中扮演着重要角色。通借通还，即构建统一的高校智慧图书馆服务平台，方便读者在任何一家高校智慧图书馆中实现借阅。具体包括以下几个方面：检索高校图书馆的馆藏信息资源和相关借阅信息；享受网络在线预约借阅馆藏信息资源服务；通过网络形式即时归还借阅资源。除此之外，通借通还还推出了上门借还服务。

二、参考咨询服务

参考咨询服务由专业技术人员提供，帮助用户在利用文献、寻求知识和获取借阅信息方面得到支持。用户可以利用其检索协助、问题咨询和专题文献报道等多种服务方式，获取所需的数据、事实和文献线索。参考咨询工作是以文献为依据，并以解答读者提出的个别问题为形式，为读者提供有针对性的、具体的文献知识。总之，参考咨询服务能够为读者提供服务，满足读者特定需求，其有多样化的服务形式，具有实际利用价值，并且具有智力性和社会性等特点。

（一）参考咨询的特点

参考咨询的服务内容不断深化与发展，其服务形式也出现网络化、现代化、多样化的趋势，使参考咨询成为读者服务中最为活跃的内容，表现出以下特点。

1. 服务性

智慧图书馆的参考咨询服务是读者服务工作的主要部分，其要求服务态度亲切、服务积极主动，始终以满足读者需求为目的。参考咨询基于服务性这一基本属性，属于读者服务工作范畴内的一种形式。参考咨询服务是一种在传统的高校图书馆工作流程（如采访、分类、编目、典藏、流通、阅览等）基础上开展的重要服务，其目的在于提供有针对性的参考咨询和个别解答，以满足读者的特定需求。这种服务与其他读者服务部门的内容互相关联，因此是读者服务的延伸和拓展。

2．针对性

智慧图书馆的参考咨询服务必须基于用户的特定需求，即体现参考咨询服务的针对性。参考咨询服务的主要目的是向读者提供指导和帮助，解决其在学习、工作和日常生活中遇到的实际问题，同时还提供如文献信息服务等多样化、个性化的服务，以满足读者不断增长的个性化需求。

识别读者的信息需求是确保高校智慧图书馆参考咨询服务价值的基础前提。基于此，高校应以调查了解读者的信息需求为基础前提，科学合理地开展智慧图书馆参考咨询服务。由于类型、层次等的不同，高校智慧图书馆的服务对象也有所差异。这就要求高校必须基于智慧图书馆的方针和任务，对读者的信息需求进行收集和整理，并确定相应的工作方向与服务重点。高校智慧图书馆旨在支持学校的教学和研究工作，并主要服务于学校的教师和学生，它的重点是提供关于教育和科学技术方面的参考咨询服务。

3．实用性

参考咨询服务的目标在于提供读者需要的信息和解决其实际遇到的问题。参考咨询服务的实施效果表明，图书馆提供的参考咨询服务具有一定的利用价值和服务效益。实际上，读者无论是在工作、生活还是学习中，都不可避免地会遇到各种问题，此时在图书馆提供的参考咨询服务的帮助下，读者获取相应文献资源的时间会大幅缩短，高校智慧图书馆的馆藏文献资源也因此被高效利用。高校智慧图书馆用于深度开发的各类馆藏文献资源，成为科技人员、领导和企业等参考引用的重要文献资源或动态信息。举例来看，在高校智慧图书馆情报职能得到提升和现代化技术不断发展的背景下，高校智慧图书馆深入推进优化资源配置、提升服务质量和方便读者借阅等工作，既能为高校提供更科学有效的教研工作保证，又能充分发挥图书馆本身的情报服务功能，为社会各行各业提供方便实用和易于获得的行业信息。因此，参考咨询服务是对高校智慧图书馆情报职能和教育职能的综合反映，参考咨询服务水平的高低决定了高校智慧图书馆服务工作能力的优劣程度。当前，高校智慧图书馆参考咨询服务的社会价值主要表现在工作效率、社会效率等方面。

4．智力性

高校智慧图书馆提供的参考咨询服务的核心在于为读者和用户开发文献信息

资源，完成此项智能化的科学劳动需要馆员及管理者具备丰富的知识、经验和相应技能。具体而言，参考咨询服务体现出知识密集型的智力劳动特征，而高校智慧图书馆参考咨询服务是一种基于文献查找、选择、加工、整理、分析和研究的服务方式，旨在为读者提供具体的文献、文献知识和文献检索途径，其与外借流通服务不同，要求服务人员具备较高的学术素养和技能素质，即能够通过复杂的学术活动解答读者提出的问题。

5. 社会性

参考咨询是面向社会公众开放的服务，其主要目的在于传递、交流和反馈知识信息。参考咨询的服务队伍和服务对象具有显著的社会特征。

高校智慧图书馆作为信息产业的有机构成主体，承担着保存人类社会文化遗产、开展和促进社会教育、传递科学文化信息和开发智力资源的职责。作为开放性的社会服务系统，高校智慧图书馆参考咨询服务的对象同样具有鲜明的社会特性。高校智慧图书馆提供的参考咨询服务是在综合运用各种方法的基础上为读者和用户解答科研、生产等难题，并向其提供所需的借阅文献资源服务。

在社会信息化程度日益加深的背景下，高校智慧图书馆的参考咨询服务理念也随之发生转变，并且服务范围逐步扩大。特别是通过提供合作咨询和网络咨询等多种服务，高校智慧图书馆的参考咨询服务对象开始由馆内读者向社会读者开放。服务对象类型的多样化促使服务队伍的社会化，高校智慧图书馆的参考咨询服务队伍，是基于知识与资源的共建共享而形成的，其通过完善资源库建设和研制、开发各种咨询软件，以此向读者和用户提供必要的科学知识和信息资源，提高其参考咨询服务的效率。伴随高校智慧图书馆参考咨询队伍建设协作化和社会化的发展趋势，以跨地区、跨国界为主要特征的合作咨询逐步发展起来。同样地，当前高校智慧图书馆的参考咨询服务内容呈现出鲜明的社会特征。由于信息技术与高校智慧图书馆的融合趋势逐渐加强，高校智慧图书馆的参考咨询服务内容发生明显转变，即由过去的学科咨询、专业咨询，向包含学习、生活、工作等在内的社会咨询拓宽，这使读者和用户的使用需求得到最大化的满足。

6. 多样性

参考咨询服务具有多样性特征。例如，参考咨询服务包含的文献信息词组服务，无论是内容、形式还是方法，都体现出鲜明的多样性。一般而言，由读者和用户提出的咨询问题是复杂多样的，涉及社会各行各业的咨询问题、各学科领域的专业咨询问题等。其中既有综合性的咨询问题，又有专题性的咨询问题；既有文献信息咨询，又有非文献信息咨询。对高校智慧图书馆来说，其应该在所能提供的参考咨询服务范围内回答读者提出的问题。另外，高校需要综合考虑多样化的参考咨询形式。例如，根据读者咨询形式划分，包括到馆咨询、电话咨询、信件咨询、网络咨询等；根据馆员针对具体问题提供的参考咨询服务划分，包括文献检索服务、专题研究报告服务等。

（二）参考咨询服务的内容

参考咨询服务内容广泛多样，具有独特的组织框架。当前，高校智慧图书馆参考咨询服务内容具体包含解答咨询服务、书目参考服务、信息检索服务、情报研究服务等。

1. 解答咨询服务

提供解答咨询服务是指针对读者提出的一般知识性问题，通过查询使用相关检索工具，直接给出答案或为读者提供查找资料的指引，以满足读者对问题的解决需求。参考咨询服务最常见的内容形式即为解答咨询服务，它旨在为读者提供参考性答案，帮助读者快速了解某个问题或领域的基本情况。其解答咨询的方式主要有口头回答、电话回答、E-mail 回答、表单回答等。对于一些常见问题，很多高校智慧图书馆通过设置咨询台或开展 FAQ 服务来解决，这是一种非常有效的做法。

2. 书目参考服务

书目参考服务旨在向读者提供研究性问题（如专题性研究问题、专业性研究问题等）所需的文献资料，具体包含涉及各主题或领域的文摘或索引。不直接向读者提供具体可供参考的答案，而仅提供相关文摘或索引等资料，是书目参考服务的主要特点，因此其又被称为“文献检索工具”或“问题解决指南”。对于一些未经提问或常设的课题，不少高校智慧图书馆通过编制专题目录、索引与文摘主动提供文献信息。开展书目参考服务成为传统参考咨询服务的一项重要内容。网络参考咨询服务中的“学科导航”“本馆资源导航”以及书目数据库建设则是网络环境下的“书目参考”服务。

书目参考服务的立足点是文献信息加工。选题应以客观需要为依据，在选择材料时，要求对某一特定范围内必需的文献尽可能做到全面、系统、收录完备。

3. 信息检索服务

信息检索是一种从海量信息中获取所需信息的方法，通过对信息的良好组织和储存，读者和用户能够方便地查找所需信息。根据检索手段划分，信息检索具体包含手工检索和计算机检索两类；根据检索对象划分，信息检索具体包含文献检索、数据检索和网络信息检索等；根据服务项目划分，信息检索具体包含一般课题检索、定题服务检索、查新服务检索等；根据课题性质划分，信息检索具体包含事实型检索、专题型检索、导向型检索、综合型检索等。一般而言，传统的信息检索方式主要以文献检索为构成内容，而现代的信息检索方式则主要以数据库检索和网上信息检索为构成内容。当前，高校智慧图书馆提供的信息检索服务，其主要工作内容包含“网络导航”“学科导航”“本馆资源导航”，而“学科信息门户”和“特色库”则是信息检索资源来源。

4. 情报研究服务

高校智慧图书馆提供的情报研究服务是通过对特定时期或领域的文献信息进行分析和整合，并以研究报告的形式提供给用户的服务。情报研究服务主要是为用户提供对文献信息的深度理解的支持，它利用大量文献资料，收集并分析关键信息，将其提炼并整合，提供系统化的情报信息给读者，从而为未来的预测和决策研究提供参考依据。情报研究服务提供了多种形式，其中包括为客户制定研究项目服务、提供剪报服务以及建立专业数据库服务等。

（三）现代参考咨询服务模式

现代参考咨询服务以用户的信息需求为中心，达到快速传递与交流信息之目的。因此，开展数字参考咨询服务以什么样的服务模式及设立什么样的服务内容是关键和核心，这与图书馆经济、资源、技术和人员有关。就目前我国高校智慧图书馆开展数字参考咨询的服务模式来看，其可分为异步数字咨询服务、同步数字咨询服务、网络合作式参考咨询服务、数字参考咨询服务的新模式——微博。

1. 异步数字咨询服务

异步数字咨询服务是指用户提问与专家即时回答的服务，是目前最简单、最流行的一种服务方式，主要采取电子邮件、表单、FAQ 等几种方式及其结合形式来实现。

2. 同步数字咨询服务

同步数字咨询服务利用基本的软件实现用户与高校智慧图书馆馆员之间文本或视频、音频信息形式的迅捷交流，亦称实时交互式参考咨询服务。这是显示数字参考咨询服务互动性强、特点最明显的服务模式。

3. 网络合作式参考咨询服务

网络合作式参考咨询服务是指馆际之间通过合作共建网络咨询中心，各图书馆的咨询界面均被链接至同一个共享请求管理器上。读者和用户可以点击任何一个图书馆咨询界面的服务链接，并填写相应标准表单发送咨询请求，请求管理器就会自动将用户咨询请求发送至成员馆数据库，并根据问题特征和用户信息进行匹配检索；同时，管理器根据图书馆的运营时间、地理位置、资源特征、用户类型、接待咨询的数量限制和特色服务项目，有针对性地选择最合适的图书馆，并以电子邮件的方式将用户的问题发送给该馆。该馆在接收并解答完成咨询问题后，同样会通过请求管理器将其解答传至成员馆数据库，并交由用户自行查阅。最后，咨询问题及其相应解答会被存至问答（Q/A）数据库中。在此过程中，请求管理器会持续跟踪咨询问题解答情况。网络合作式参考咨询数据，会被用来统计和管理，以便于后续能够实时自动解答用户咨询问题。

网络参考咨询作为数字参考咨询服务的最高层次，其优势是不言而喻的：可以完成更深层次的学术咨询；可以共享合作馆的资源优势，完成个性化咨询服务；可以节省经费。

4. 数字参考咨询服务的新模式——微博

微博属于新兴的互联网社交媒介平台，其已成为用户获取关于生活、学习和工作等信息的主要选择。当前，微博受到越来越多人的关注，高校可借此将智慧图书馆的数字参考咨询服务与微博功能相整合，推动图书馆文化传播服务的创新发展。例如，高校可根据微博已有的传播特点，提高读者和用户的阅读兴趣，并通过开设专家咨询服务账号，促使微博用户与专家进行互动，从而更好地推动文化知识的普及、发展。

微博以其鲜明的交流互动特征推动了高校智慧图书馆与读者、用户之间的互动。一方面，读者和用户可在微博平台上向高校智慧图书馆咨询相关问题；另一方面，高校智慧图书馆可将其所解答的咨询问题实时发布至微博平台，最大化地满足读者、用户的信息需求。微博可以根据读者、用户的专业、兴趣和领域等特征，提供个性化的服务，这意味着它可以将有共同兴趣爱好的读者、用户聚集在一起，并为他们提供更定制化、更差异化的内容和服务，这也使得高校智慧图书馆的数字参考咨询服务更加符合读者、用户的要求。微博能够分享信息，因此高校智慧图书馆在与读者、用户互动交流过程中，可以解答问题并分享解决方案，避免重复回答问题，节约数字参考咨询服务时间。微博能够根据时间排序，使读者、用户更容易了解到最新的服务信息。高校智慧图书馆数字参考咨询管理者可以通过微博的评论功能了解用户需求，并据此调整服务方式，提高服务水平。微博在高校智慧图书馆的参考咨询服务中拥有多种功能，如提醒、直播、课堂、群组、访谈和订阅等，以满足用户的各种需求。

三、文献传递服务

高校智慧图书馆提供文献传递服务，确保用户能够得到所需的文献资源。文献传递服务以信息用户为服务对象，以信息用户确定的文献资源为服务内容。图书馆会通过特定方式将文献传给信息用户，供信息用户在线预览或下载使用。高校智慧图书馆的文献传递服务更加快速、高效和便捷。如今，文献传递被视为基于信息技术发展的馆际互借服务，但其利用效率和服务价值明显要高于一般意义上的馆际互借服务。文献传递的资源类型应符合著作权法规，主要包含期刊文章、标准或专利报告、学位论文等。文献传递服务面向所有读者和用户。文献传递服务有两种类型：返还式和非返还式。文献传递服务的传递方式涵盖了 E-mail、Ariel、Web、FTP、FAX、普通邮递、特快专递，以及自行领取等。

（一）文献传递服务机构

21 世纪以来，文献传递服务在我国得以迅速发展。下面对几个比较重要的服务机构进行介绍。

1. 国家科技图书文献中心

国家科技图书文献中心（NSTL）是国内最早具有联盟性质的虚拟式的科技文献信息服务机构，2000 年 6 月 12 日经国务院领导批准，由科技部联合财政部等五部委成立，以文献传递服务为主要业务。NSTL 网络服务系统是在 2000 年 12 月投入使用的。NSTL 的愿景是建设全国范围内的科技文献信息资源系统，向用户提供优质的服务并保障信息资源的可靠性。为实现这一目标，NSTL 采用一系列有效的运营机制，包括统一采购、规范加工、联合上网和资源共享。NSTL 网络服务系统是面向公众的重要服务平台，它为全国范围内的用户提供全面的科技文献信息服务，用户可以通过互联网进行获取。

2. 中国高等教育文献保障系统

CALIS 是中国高等教育文献保障系统的英文缩写。CALIS 的宗旨是在教育部的领导下，把国家的投资、现代图书馆理念、先进的技术手段、高校丰富的文献资源和人力资源整合起来，建设以中国高等教育数字图书馆为核心的教育文献联合保障体系，实现信息资源共建、共知、共享，以发挥最大的社会效益和经济效益，为中国的高等教育服务。

3. 上海图书馆文献提供中心

上海图书馆丰富的馆藏资源是开展文献提供服务的基础，1995 年上海图书馆与上海科学技术情报研究所的合并大大丰富了馆藏科技资源，其中专利、标准、科技报告等科技文献都是文献传递的重要内容。

（二）文献传递的运作模式

文献传递服务模式即文献服务馆为用户提供文献传递服务的模式。文献传递服务模式可以分为两类：一类是集中式无中介服务模式，另一类是分布式有中介服务模式。

1. 集中式无中介服务模式

集中式无中介服务模式即围绕图书馆服务进行文献传递，用户可以在服务馆的馆际互借系统中注册并提交文献传递请求，并在用户馆的读者网关上获取服务。在此模式下，用户需要至少在一个服务馆开户，并且只能在开户的服务馆获得服务。如果用户馆需要另一个文献传递网中的服务馆提交其传递请求，那么该请求需要通过已经开设账户的服务馆进行代理转发，否则该用户馆需要在多个服务馆进行开户才能直接获得服务。一些可供选择的服务馆包括 CASHL、NSTL、国家图书馆。

2. 分布式有中介服务模式

分布式有中介服务模式要求成员馆使用相同的图书互借和文献传递系统，以便成员馆之间可以通过协议机构请求互相传递，无须在对方图书馆的系统中开设账户。简言之，在一个安装了馆际互借和文献传递系统的成员馆中，每个成员馆都可以自由地向任何其他成员馆提交请求。在分布式有中介服务模式中，各成员馆可利用自身的用户服务网关来收集用户的请求，并通过统一的协议机构将请求转发至其他馆，这样既无须到其他馆开设账户，也不必手动登录其他馆的用户服务网关来提交请求，特别适用于请求量较大的成员馆。该模式下，每个成员馆都配备了系统。可以直接采用集中式模式向其他用户馆提供服务，也可以采用分布式模式向其他用户馆提供服务。因此，所有成员馆都成为服务馆，并被称为“服务馆模式”。在此模式中，服务中心会将原始文献传给请求中心的馆际互借员，而后再由馆际互借员提供给用户。

第二节　现代化资源服务

一、移动图书馆服务

移动图书馆是通过利用无线移动网络、国际互联网和多媒体技术，开放一种灵活的图书信息查询、浏览和获取渠道，使用户不受时间和空间限制，随时随地获得图书馆信息服务的一种新型服务方式，是数字图书馆的一个分支，这也意味着移动图书馆具备数字图书馆的特点，如“可移动”。“可移动”意味着数字资源能够轻松地从 PC 端转移到便携式数字阅读设备端，让普通用户和读者能够方便地在任何时间、任何地点获取、下载、阅读和欣赏数字资源。除了可以管理传统的报纸、图书和杂志等资料，移动图书馆还可以管理音频和视频文件。移动图书馆的服务模式主要有 SMS、I-MODE、WAP 等几种服务模式。

（一）SMS 服务模式

SMS（Short Message Service）是一项用于存储和转发短信的服务模式。短信发送者通过 SMS 中心向接收者转发短信，短信传递过程中始终需要经过 SMS 中心，因此不是点对点传递。如果接收者的电话处于离线状态（如已关闭），那么当接收者重新联网时，发送的消息将会被送达。

移动图书馆起源于早期移动通信技术的短信服务，当时短信服务最为流行，因此短信服务是建设移动图书馆的“先驱”。SMS 服务模式在图书馆主要分为发送和接收两种服务形式。其中，发送服务是指图书馆通过 SMS 向用户发送信息，而接收服务则是指用户通过 SMS 与图书馆进行交互式的信息沟通。读者通过下行业务可以接收来自图书馆发送的信息，这些信息包括图书馆的开放时间、新书推荐、预约提取通知、图书到期提醒、图书馆讲座、图书催还等内容。这是一种读者被动接受信息的方式。此外，通过使用手机向服务号码发送短信，读者可以开展互动式业务，这些业务包括证件挂失、续借图书、查询个人借阅信息、咨询问题、查找文献、提出建议等。因为短信服务模式所需硬件要求低，并且比较容易实现，所以几乎所有开展移动图书馆业务的图书馆都支持此业务。SMS 服务模式的优点包括速度快、操作简便、成本低，缺点在于只能发送简单的文本信息，无法传输图片、音频和视频等多媒体信息。同时，由于它的消息长度受到限制，难以实现高级的信息检索功能，互动性也受到一定的影响。

我国大部分的移动图书馆都支持手机短信推送和定制服务。手机短信主要用于推送图书馆新闻、通知会议讲座、提醒图书到期逾期和归还情况，以及通报预约图书和新书到馆等信息。定制服务的具体内容包括但不限于为读者提供书目查询、图书预约、图书续借、图书推荐、参考咨询、文献传递、图书馆服务指引、建议留言等多项服务。

（二）I-MODE 服务模式

在 1999 年 2 月，日本的 NTT　DoCoMo 移动通信公司推出了移动电话服务模式，即 I-MODE 服务模式。该服务模式作为一种独特的移动互联网商业模式，其使用者可以随时连接互联网进行浏览、发邮件、网上购物、网上银行、订票、订餐等活动。与一般计算机通过电话线上网不同，I-MODE 通过一条类似专用线路的方式进行信息传输。这种便捷、随时随地访问信息的方式备受用户青睐。日本的移动通信公司使用了分组交互叠加技术，以及一种简化的 HTML 编辑方式，让传统的网站很容易地转化为 I-MODE 网站。这种技术使得在移动设备上访问网站更加高效和便捷。该技术在富山大学和东京大学的图书馆中得以应用，被用来开发 OPAC 查询系统，以提供更多服务，如馆藏查询、图书催还和续借通知等。然而，这种模式在其他国家并不能有效地实施。

（三）WAP 服务模式

WAP（Wireless　Application　Protocol）是一项无线应用协议，最初由摩托罗拉（Motorola）、诺基亚（Nokia）、爱立信（Ericsson）等公司开发。该协议标准开放化、国际化，是实现移动通信设备和互联网连接的重要技术。WAP 通过窄带宽传输数据，实现无线通信。WAP 是针对移动终端而设计的协议标准，可让用户浏览互联网内容和享受高级增值服务。该协议标准采用开放式结构，寻求全球性的统一。

WAP 的主要优势体现在其系统架构的可塑性和协议的公开性上，同时还可利用开发语言的优良特性，创造更富有互动性的服务界面。WAP 网站与 SMS 模式相比，可提供更多且更强大的功能。WAP 技术现在已经被广泛采纳，读者和用户可以用智能设备连接并访问图书馆的 WAP 网站，从而享受目录检索、开馆时间查询、电子期刊和论文下载等服务。目前，国内图书馆比较普遍使用 WAP 服务模式，涉及的图书馆包括国家图书馆、北京大学图书馆、清华大学图书馆、上海交通大学图书馆、复旦大学图书馆、西安交通大学图书馆、四川大学图书馆、兰州大学图书馆等。

二、高校图书馆的 VPN 服务

虚拟专用网络（VPN）是一项网络技术，其主要作用是在互联网上创建一个私密的通讯连接。通过 VPN，远程网络用户可以访问私有网络中的资源和服务，实现数据传输和通信。VPN 能够创建一个安全的连接，使得远程的工作人员能够在互联网上访问企业内部的网络资源，而不必担心敏感数据被入侵或者窃取。通常情况下，一个网络连接由客户端、传输媒介和服务器三个主要组成部分构成。VPN 与常规的网络连接方式不同，其使用隧道作为传输通道，这个隧道是在公共网络（如互联网）和专用网络之间建立的。

（一）VPN 分类及其技术特点

VPN 技术可以根据用户的需求和环境特点分为三种主要应用方式，分别是远程访问虚拟网、企业内部虚拟网和企业扩展虚拟网。远程访问虚拟网是指远程或移动用户与公司或企业内部联网之间的虚拟专用网络。企业内部虚拟网通常是建立在公共网络之上的私有网络，其目的在于提高企业的网络安全性和数据传输效率。它可以通过加密技术和访问控制机制来保障数据的安全性，同时还可以对网络流量进行优化，提高数据传输速度和稳定性。企业实现与外部供应商、客户及其他利益相关群体之间的网络扩展，可利用公共网络创建虚拟专用网，该专用网即企业扩展虚拟网，可提供安全可靠的连接选项。VPN 有以下技术特点。

1. 安全通信

为了保障通信的安全性，VPN 运用了四大技术，它们是隧道技术、加解密技术、密钥管理技术和用户、设备身份认证技术。这些技术的共同作用是确保信息传输的完整性和安全性，防止数据被篡改或者复制。

2. 节约成本

VPN 提供一种经济实惠、灵活自由的连接方式，可以优化现有网络资源，降低网络设备维护的费用，同时也能够有效提高用户的通信效率，降低长途通信费用，不再需要建设昂贵的专用网络。

3. 覆盖地域广泛

Internet 可以很方便地通过 VPN 设备或软件构成各分支机构及总部间的 VPN。

4. 可扩展性强

VPN 的网络配置非常简单，无须添加过多的设备，而且容易随着需要进行扩展。VPN 技术的应用可以轻而易举地调整用户数量。其可以方便地扩展 VPN 节点，而无须对现有网络进行重大的更改。

5. 便于管理

可以将大量的 VPN 网络管理（如安全管理、设备管理及 VPN 隧道管理等）工作交由 ISP 或 NSP 统一实现。由用户负责查验访问权、网络地址、安全性和网络变化管理等重要工作，具有较好的安全性。

（二）高校智慧图书馆 VPN 服务

随着高校智慧图书馆电子资源的不断增加，读者和用户对于这些资源的利用率也不断提高。由于 IP 地址限制，智慧图书馆的电子资源只允许校园网络读者和用户登录使用，所以无法为非校园网络读者和用户提供服务。为了让在非校园网环境下的读者和用户能够更好地使用高校智慧图书馆的数字资源，部分学者专门对其进行了深入的研究。他们发现，采用 VPN 技术实现远程访问是提高数字资源利用率的一种有效方法。

1.VPN 技术在高校智慧图书馆服务中的设计

目前，在实际应用过程中，VPN 有多种类型设计。应用最多的是站点到站点 VPN、远程访问 VPN 两种。

（1）站点到站点 VPN 设计

站点到站点 VPN 设计是用于连接两个不同局域网的网络，通常用于将地理位置相距较远的校区总部和分部连接。为了确保数据在通过互联网传输时的安全性，防止其被篡改、伪造、监听，一般会采用隧道加密和数据加密技术进行保护。使用 IPSec 协议可以在站点之间的 VPN 中保护数据的机密性。IPSec 协议通过将 IP 数据包进行加密和验证来保证网络安全。它整合了多种安全技术，并建立了一个可靠的隧道，为数据传输提供了保护。这个过程确保了传输的数据不会被篡改、泄漏或者遭到拒绝服务攻击，从而保护了网络上的信息安全。

（2）远程访问 VPN 设计

SSL-VPN 远程访问技术支持在不同地点之间建立安全的网络连接，让远程计算机与本地网络之间建立一个受保护的通信通道，实现数据传输和共享资源。安全套接层（SSL）协议是一种基于 Web 应用的安全协议，由网景公司提出。它采用公钥加密技术，确保通过 SSL 连接传输的数据在传输过程中不被篡改或窃取，并提供了服务器认证、客户认证以及保证链路上的数据完整性和保密性等安全机制。简而言之，SSL 是一种安全的数据传输方式，可使 Web 应用在数据传输时更为可靠和安全。使用 SSL-VPN 的优势在于使用者能够通过浏览器进行操作，而且无须安装客户端软件。此外，还具有适用于众多操作系统、具备出色的安全性、维护费用少、安装容易等优势。

2.VPN 技术在图书馆服务中的应用原理

要在内部网络中使用 VPN 连接，需要在网络内部配置一台支持 VPN 的服务器，该服务器同时连接着内部专用网络和互联网络。当客户端需要与专用网络中的计算机通信时，VPN 会先将所有数据发送至 VPN 服务器，VPN 服务器再负责将数据传递到目标计算机，以保证数据的安全性和完整性。当客户机向 VPN 服务器发出请求时，VPN 服务器会响应并向客户机发出身份认证的请求。客户机使用加密的响应信息回应 VPN 服务器，VPN 服务器会根据用户数据库检查响应信息的合法性。如果该账户有效，VPN 服务器会检查该用户是否有远程访问权限；如果该用户有相应的权限，VPN 服务器会接受该连接。在验证身份的过程中，客户端和服务器会生成一个公共密钥，用于将数据进行加密。只要设备支持 PPTP 或 L2TP，无论使用哪种操作系统，都可以与 VPN 服务器建立连接。

3.VPN 的优势和不足之处

VPN 是一种虚拟网络，通过它实现的连接看起来像一个专用网络，但实际上是在共享网络上建立的。这项技术为用户带来的好处表现在以下几个方面。

（1）节约成本

VPN 最主要的优势就是节约用户使用成本，这是它取胜传统专线网络的关键因素。使用 VPN 能帮助机构和公司减少通信和专线租用的开支，并减轻维护 WAN（广域网）和远程访问设备所需人力和资源负担。

（2）可靠的安全性

Internet 是一个公共网络，但 VPN 用户可以像使用专线一样用它安全地传送数据和信息。可见，VPN 的核心问题就是信息安全，VPN 专用产品均采用加密及身份验证等安全技术，保证公网上连接用户的可靠性及数据传输的安全性和保密性。为了确保通过公共网络传输的信息不被他人截取并且不被解密，VPN 专用设备必须提供一些安全功能，如数据加密和验证身份信息，以确保信息的准确性和合法性。此外，VPN 可以通过实施访问控制策略来确保用户访问权限，从而提高网络的安全性和规范性，让不同级别的用户能够享有不同的访问权限。

（3）支持常用网络协议

VPN 支持最常用的网络协议，基于 IP、IPX 和 NetBEUI 协议网络中的客户机都可以使用 VPN。新的 VPN 技术可以全面支持 Apple Talk、DEC Net、SNA 等几乎所有的局域网协议，随着网络接入技术的不断发展，新型的 VPN 技术可以支持 ADSL、Cable Modem 之类的宽带技术，还可以支持手机外网登录。

VPN 技术的不足之处为基于互联网的虚拟专用网的可靠性和性能不受高校直接控制，而是需要依赖互联网服务提供商的支持才能保证服务的开展和运行。因此，与互联网服务提供商商议服务级别协议，并制定一份协议以确保各种性能指标是非常重要的。

第三节　学科化服务

高校智慧图书馆是学校的信息中心，对于教学和科研服务至关重要。为了适应未来图书馆的发展和读者的服务需求变化，高校智慧图书馆需要创新服务方式，提供主动的、创新的服务，以满足学科服务的需求。

随着数字技术的进步，高校智慧图书馆越来越常见，同时大数据时代已经来临。因此，在学术交流、数字信息传播以及学科文化项目建设中，高校智能图书馆的地位越来越重要、越来越不可或缺。图书馆服务的学科支持部分是非常重要的，它可以为教育和研究提供专业的帮助和支持。此外，随着时间的推移，学科服务在前瞻性、学科支持和决策支持等方面的重要性越发显著。现今，备受赞誉的大学逐渐重视学科服务的进展，并创建学科服务部门。这些部门还在不断深入探索、创新和推广学科服务，不仅丰富了服务内容，还拓展了服务方式。

一、学科服务层次

学科服务可以被分为三种不同层次的服务：核心层学科服务、中间层学科服务和边缘层学科服务。

（一）核心层学科服务

核心层学科服务的内容主要有以下四个。一是科研支持服务。高校智慧图书馆为不同学院提供了丰富多样的信息资源，其中包括学者中文和外文成果、个人简历及研究方向等。此外，它还可提供机构详细信息以及相关文献的完整链接，为专业对口的学院提供关于学术发展趋势和学科热点的相关信息，其服务涵盖提供相关学科的数据、检索相关文献、分析引文以及提供科技发展等方面。二是学科资源建设及推介服务。智慧图书馆以配合各院系建设学科资源为主要目标，还不断向院系引荐最新的图书馆资源和服务项目，通过评估不同学科的数字资源指导相应院系的数字资源建设。三是提供针对不同专业院系特殊需求的信息素养培训，以及符合其需求的嵌入式教学服务。四是参考咨询服务。学科馆员应该及时回应院系老师和学生关于学科专业方面的问题，如提供投稿指南等信息，以便于他们更好地理解和应用相关知识。

（二）中间层学科服务

中间层学科服务位于核心层学科服务和边缘层学科服务之间。高校智慧图书馆需要积极获取对应学院师生有关图书馆馆藏和服务建议的反馈，这是改善图书馆馆藏状况并提高服务质量的关键之一。

（三）边缘层学科服务

边缘层学科服务旨在向大众提供不同的信息服务，其通过与其他机构合作、组织讲座等活动开展工作。例如，许多“双一流”高校带头建设的智慧图书馆为社会群众提供查询、引用和科技新闻查阅等有偿服务。

二、学科服务类型

笔者把高校智慧图书馆所提供的学科服务划分为传统型和智慧型两种。这是根据学科的性质和特点，将服务内容和方式进行划分的。

（一）传统型学科服务

传统型学科服务范围很广泛，包括但不限于教授信息素养、提供嵌入式课程服务以及及时宣传和推广图书馆新增的资源和服务项目，从而为对应院系的师生提供全面的帮助；其还可以提供投稿的指导，帮助检查、审查并引荐文章。

（二）智慧型学科服务

一些高校的智慧图书馆通过使用领域信息导航提供一站式检索服务，并添加学科研讨区以便加强师生之间的互动和交流。一些高校智慧图书馆采用先进技术，如大数据、人工智能和新媒体等，来提供更加个性化和智能化的学科服务。高校智慧图书馆需要确定学科服务的优先发展领域，同时注重核心领域的服务，提供多层次的学科服务，并使传统学科服务向智能化学科服务转型。

三、高校智慧图书馆学科服务能力发展策略

（一）加强学科馆员的建设

随着跨学科和交叉学科服务的不断发展，培养学科馆员的重要性越来越突出。为了实现这个目标，高校智慧图书馆需要建立完善的选拔机制，设定明确的考核标准并为学科馆员提供晋升机会。作为学科馆员，必须定期更新自己的专业素养和知识结构，以满足读者不断变化的需求。学科馆员除了需要具备信息检索、用户交流、信息研究分析、工具软件使用、情报查询及查重等技能，还应有跟踪专业主题、掌握学科发展趋势等能力。馆员应深耕一线，结合用户科研需求提供教学服务，提供全面规划信息，助力科学决策。馆员积极参加专业性学术会议，与同行专家学者互相交流，深入了解行业发展趋势，分享最新的科研成果，及时更新数据库信息，以便更好地向用户提供服务。

（二）加强学科服务团队建设

图书馆通过组建学科服务团队来向读者提供服务。这种服务团队成为图书馆的服务重心和智慧型改造的关键。在 2002 年，清华大学图书馆成立了学科馆员团队，目的是通过学科馆员制度增进与院系之间的紧密联系，向用户提供信息咨询、专题交流、资源整合和学科培训等服务。此团队于 2008 年正式开始工作。笔者认为，一个数字资源中心的主要职责是为学科用户提供信息保障专业服务，其建立必须以团队建设为主体，并且要以学科服务为目标。以北京大学图书馆为例，其学科馆员的选择过程十分严格，严格挑选符合条件的人才。在该图书馆，学科馆员的角色十分明确，每个人有自己专业领域的职责和责任。此外，该图书馆采用了学科资源建设和学科服务分离的学科馆员组织形式，每个院系都有至少一名学科馆员与其对接，致力于提供相关学科服务的协助；其计划成立多个学科专家团队，以满足不同主题的需求，这些团队将由具备不同专业背景的成员组成，以提供更优质的用户服务。在任务完成后，将为一小部分学科馆员提供跟踪服务，同时把其他学科馆员调配到新的主题服务中。

（三）科学规划学科服务内容

学科服务的范围应跟随教育科研工作的变化而不断地调整和更新，以满足院系不同的需求，提供全面的服务。在不同的学科服务中，学科馆员需要担任不同的角色，负责相应的服务工作。他们的工作职责范围包括参与策划、协调学科服

务工作，与服务院系的沟通与协作，参与研究和数据管理、信息素养与学术交流，提供信息发展预测，科学合理地规划学科内容等。

（四）创新学科馆员与用户互动的服务模式

学科馆员最大的驱动力是用户的认可，这有助于他们发挥个人价值。因此，为了更好地向用户提供服务，学科馆员需要与用户建立良好的沟通和反馈机制，并深入研究用户的服务需求和特点，这样才能向用户提供更加精准的服务。为了实现发展目标，馆员需要了解学校目前的学科发展背景和规划，从而制订具体操作方案。此外，馆员应与用户建立良好的沟通渠道，制订个性化的服务方案，及时跟进服务进展情况，定期撰写服务分析报告，积极参与用户的专题研讨等活动。

第四节　个性化服务

一、高校智慧图书馆个性化服务的内涵与特征

（一）高校智慧图书馆个性化服务的内涵

高校智慧图书馆是现代科学技术信息荟萃的殿堂，也是文化传承的重要场所，在高等教育中发挥着巨大的作用。高校智慧图书馆是学校的科学研究、人才培养的重要支撑，是广大师生学习、教学、科研的坚强后盾。

学生和教师是高校智慧图书馆服务对象的主体。承担教学和科研双重任务的高校教师需要有系统、专业的信息为其进行的科研项目做理论支持，高校智慧图书馆可以为其提供最新的学科动态信息。对于学生来说，高校智慧图书馆可以为其提供大量的参考资料来弥补课堂学习的不足，扩大其知识面，可以为其将来的工作储备知识。

高校智慧图书馆提供的个性化服务使用户能够根据自身的学习和科研需求，利用网络工具建立自己的个性化馆藏，从而更好地满足自己的需求。系统还能够根据用户的兴趣爱好、专业领域或学科方向，分析用户的基本信息，并以此为依据向他们定期推荐相关的信息。

（二）高校智慧图书馆个性化服务的特征

1.服务目的更明确

智慧图书馆针对的用户主要是大学里的师生，这个特定群体使得它的服务方向非常明确。其可以根据不同的身份、层次将服务对象进行分类。教师可以按照不同的职责被细分为专职教师、科研教师、兼职教研的教师和教辅人员。需求的不同取决于人们所处的社会地位和经济条件，服务的差异则由此而生。因此，为了满足人们的服务需求，高校智慧图书馆服务人员需要精确识别服务对象，并针对不同情况提供个性化的服务。

2.服务更具有专业性

高校教师在利用高校智慧图书馆时，由于专业及学科背景的不同，其需求也会不同。因此，高校智慧图书馆的服务人员需要具备相应专业知识，以更好地满足不同教师的需求。在高校智慧图书馆中，专业性的意义在于提供给用户个性化的信息服务，这一特点十分突出。

3.服务方式多种多样

在过去，图书馆提供给用户的主要是书本形式的信息资料，而在网络时代，用户可以通过多种方式获取信息资源，如电子邮件、数字化文献或使用QQ、MSN等实时交流工具与服务人员进行互动。这些服务方式的多样性使用户获取信息变得更加便利。

二、高校智慧图书馆个性化服务发展现状

高校的智慧图书馆需要借助计算机网络技术，为用户提供个性化服务，整合和分析用户信息，从大量的数据库中提取符合用户特点的信息并以智能化方式呈现，以满足用户的信息需求。目前高校智慧图书馆的个性化服务面临三大问题。

（一）个性化服务效能低

因为很多图书馆主要收藏纸质书籍和文献，同时又受到地域、学科和馆藏水平等多种因素的制约，使得图书馆的信息资源被分隔开，导致资源无法共享且个性化的服务也受到了阻碍，所以最终导致了信息的滞留和图书馆服务的局限。另外，由于图书馆之间的合作范围较小，缺少协作和共享机制，所以在跨馆借阅和文献传递等领域受到很多限制。这妨碍了资料库的综合集成能力，并导致资源一

定程度的浪费。因此，我们需要考虑如何改善图书馆之间的合作方式，建立一个协作机制，以促进图书馆生态系统的发展，从而改善个性化服务的效果。

（二）供需匹配不足

目前图书馆信息化建设方面面临着一些挑战。尽管计算机技术已经有所发展，但在实际应用中仍存在一些限制。同时，计算机算法在图书馆用户信息筛选和分析方面还存在误差，导致个性化服务体验和供需匹配效果较差，降低了读者对该服务的使用频率和体验感。

目前我国图书馆馆员的科技水平较低，这限制了高科技在图书馆中的应用。因此需要为他们提供更加专业的培训，以提高他们的数据素养和专业能力，使他们在为读者检索和分析信息方面发挥更为重要的作用。由此可知，为实现高校智慧图书馆的各项个性化服务，除了建设优秀的图书馆管理体系以及图书馆人才体系，还有其他重要的保障措施。

（三）存在数据安全隐患

在当下数据爆炸的环境中，个人隐私问题日益引起人们的关注。在现实社会中，个人隐私不断受到侵犯。为了更好地满足用户的需求，高校智慧图书馆必须收集、整合、分析和探索用户数据。由于图书馆逐渐成为社会公众获取信息和整合资料的重要渠道，所以数据管理的重要性也日益突出。在此过程中，需要保护用户隐私，图书馆作为文化信息的集散地对保护用户隐私具有不可推卸的积极责任。

目前，高校智慧图书馆存在一定的用户隐私风险，若信息安全意识不够则可能造成数据泄露等问题。具体体现在以下方面。第一，图书馆缺乏可行的管理规定以处理读者信息的搜集、储存和使用。因此数据被滥用的风险不能被完全排除，因为我们无法确定数据的最终用途和目的。第二，对于保护用户信息和隐私方面的认识不够充分，图书馆在处理公共信息时可能缺乏适当的审慎性，需要加强相关知识的学习和相关意识的提高。否则，可能会使数据在与外部合作伙伴进行共享时没有得到足够的保护，从而具有信息泄露的潜在风险。这些问题不仅会限制高校智慧图书馆的发展，还会导致读者对图书馆个性化服务质量的质疑，使得读者不太愿意授权数据。

三、高校智慧图书馆提升个性化服务优化策略

随着人工智能技术的不断进步和图书馆数字化建设的加强，高校智慧图书馆已成为一个重要的公共文化服务平台和社会信息资源中心，可以促进科技创新和知识传承。高校智慧图书馆必须提供定制化服务，以满足用户的需求。随着科技的不断发展，如人工智能和云计算等，大学图书馆的服务方式也在不断完善和智能化。以下是高校智慧图书馆未来即将发展和完善的方向。

（一）优化图书馆服务效能

我国图书馆已经开始向数字化和教学领域转型，这得益于通信和信息技术的快速发展和广泛应用。最近，我国增加了对图书馆的投资，以致图书馆信息的存储和归档容量不断扩大，互联网和服务器的普及率和性能水平也在不断提高。现阶段，图书馆面临着一些问题，如存在未完全了解的数据、难以分享的重要信息以及个人化服务的欠缺。为解决这些问题，可考虑引入数据仓库和在线分析系统，在结合图书馆个性化服务系统的基础上，不断地进行优化。图书馆应积极引进最新科技，不断提升信息化水平，成为领军者；同时应提高工作效率，向读者提供更加个性化的服务。

在我国的信息服务行业中，图书馆是一个至关重要的资源整合和用户服务的机构。它不仅汇集了大量的用户行为数据、流程业务数据和市场决策数据，还是承载前沿科技的智慧场所。这些数据具有重要的实际应用价值，对智慧图书馆的建设和个性化服务提供了科学支撑。因此，对于图书馆而言，构建一个高效的数据库系统是至关重要的，通过优化服务器性能，可以有效解决数据访问问题，进而提高整个图书馆服务的效率。

（二）保障隐私权及知识产权

高校智慧图书馆的个性化服务可能会牵扯到个人隐私问题，这不仅将损害读者的权益和信息安全，还会对图书馆的口碑和可持续发展造成不利影响。因此图书馆需要加强与完善相关制度，并建立可持续的信息数据管理机制，以确保读者的合法权益得到保障。

在围绕隐私保护方面，图书馆应当遵守相关行业规范，并高度重视隐私保护，严格执行我国相关法规和政策的规定。图书馆还需要制定数据查询和使用的规则，并建立相关制度以约束图书馆员工的行为，从而有效地降低信息泄露的风险。建

立更强的信息安全框架，改进数据管理方案，以确保追踪数据来源和监测数据使用情况的有效性。

读者需关注个人保密信息，并熟悉图书馆的隐私保护政策，在使用图书馆提供的数据之前，需要先认真了解数据使用条款，并认真审核用户协议。这样可以确保我们正确、充分地使用数据，同时也能够保护数据的合法性和安全性；可以让读者更好地了解图书馆数据授权范围等保障措施，提高其对个性化服务的信任度。

（三）营造高校智慧图书馆智慧舒适环境

为了向读者提供高质量的服务，高校智慧图书馆需要不断优化阅读环境，以满足不同读者的个性化需求，从而提高读者的阅读体验。智慧图书馆的服务质量可以通过阅读环境来进行衡量，因此我们需要重视并改善阅读环境。如今，人们的生活品质愈发提高，对高质量的阅读环境和体验日益崇尚。因此，为了创造多样化的阅读体验，图书馆应该通过合理的室内布局和设计打造不同的专属区域。

在规划图书馆的空间设计时，应预见其未来的功能和需求，考虑到展览、阅读推广等多种活动，并留出适当的余地以便于未来的调整与修改，同时还需满足周边用户的需求。此外，应确保建立可行的反馈与评估制度，及时调整和改善不足之处，以进一步提高图书馆的布局舒适度和优化度。

高校的智慧图书馆实现了数字化和信息化的转型，强调个性化和人性化的服务，与读者建立了更加亲密的联系，并以读者为中心为其提供更好的服务体验。随着社会的不断发展，高校智慧图书馆也在不断进行创新和改进，如利用新技术和服务的丰富性优化了读者的借阅体验，并保持了其在该领域的领先地位。近年来，智慧图书馆在各地广泛兴建，并取得了显著成果。然而，高校智慧图书馆不仅有拓展发展的能力，还担负着更多的社会公益责任，致力于提供更优质、更专业的个性化服务。因此，为了满足公众不断增长的需求，需要持续加强高校智慧图书馆生态系统的建设和规范管理，并提高馆员的素质。最终的目标是打造一座高等院校现代智慧图书馆，在综合智能、安全性、效率等方面具有更高的水平。

第五节　融合服务

一、自助图书馆服务

近年来，一项新型公共文化服务系统设施开始在各地兴起并得到广泛应用，那就是自助图书馆服务系统。这一服务系统以提供便捷的文献服务为目的，让读者享受方便快捷的阅读体验，还可以有效地延长图书馆的服务时间，扩大其服务范围，提高其服务承载能力。

自助图书馆也被称为“无人值守图书馆”。这是一种现代化的服务方法，被广泛应用于国内外图书馆行业，是高校图书馆的自动化流程化的一部分。它运用了计算机科技、门禁监管等多种手段，使读者能够享受到更为智能化和高效的图书借还服务。读者可以在自助图书馆里自主借还图书，无须依赖工作人员的协助。自助借还书机是高校图书馆的服务扩展和延伸，它既解决了开馆时间限制对读者借还书的影响问题，也体现了以读者为中心的服务理念，进一步提高了高校图书馆的服务形象和服务水平。

（一）服务理念

高校现代化自助图书馆融合了先进科技和人性化服务，免费、迅捷、平等、开放地呈现服务理念，使得以往“被动服务”变为“主动服务”，提高了资源利用率，更好地满足了读者需求，体现了“读者至上”的服务理念。自助图书馆的目标是充分发挥高校图书馆资源的利用价值，让读者可以随时随地满足阅读需求。自助图书馆旨在以读者为中心革新传统图书馆的经营模式，并对高校图书馆的社会价值、服务质量和服务理念产生重要影响。另外，使用自助图书馆可以帮助读者独立完成信息咨询、图书借阅等服务，不再完全依赖于高校图书馆馆员的指导，而是能够自主选择和利用所需的图书资源，这也是提供更加人性化服务的一种体现。

（二）服务模式

1．馆内读者自助

高校图书馆为读者提供了自助设备以方便其检索、借阅和归还书籍等。为此，许多图书馆专门建立了场地或附属建筑，让读者随时利用自助设备满足需求，实现了全天候服务的目标。尽管这些设备可以24小时随时为读者服务，但它们只能依附于高校图书馆或其他相关建筑物，因此缺乏自主性。

2.ATM式自助图书馆

根据不同高校图书馆的需求，ATM式自助图书馆具有定制化服务，它们采用“还书自架”功能来大幅降低人力成本和物力成本，在高校图书馆中的应用非常广泛。其主要优势在于成本低、布局方便。然而，相比其他选项而言，这种设备的图书资源较为有限，提供的服务也比较单一，只包括借还书籍的功能。

3. 漂流亭式自助图书馆

图书漂流是一种将书籍放在公共区域供所有读者自由阅读而无须借阅手续的传统做法。漂流亭式图书馆是一种将传统图书借阅服务推广到馆外的新方式，它以RFID技术为基础，加入了图书漂流元素，从而创造了新型自助服务方式。虽然具备多种证件识别功能和提高高校图书利用率的优势，但它的服务范围还存在一些限制。

4.24小时街区自助图书馆

这种自助式图书馆提供了读者所需的基本服务，如借还、办卡、查询、预订等。它还采用了RFID和条形码技术，方便读者更直观地了解馆藏书籍情况。24小时街区自助图书馆的服务功能更加全面，还可以实现网点化建设，但是它的RFID技术设备面临一些限制，而这些限制可能来自技术、制造等方面。

（三）自助图书馆的系统和特点

1. 自助图书馆系统

为了确保自助图书馆顺利运营，必须提供所需的硬件和软件支持，其中包括必要的基础设施、额外设备、图书管理系统和内部监控装置，以及一些用于损坏检测和RFID标签识别的相关技术。它的功能如下所述。

（1）基本服务设备

为了确保自助图书馆提供与传统图书馆同样的服务，如借书、还书和预约等，需要采用数据管理和存储技术，以实现自助图书馆与总馆之间的信息共享，确保服务的连续性。此外，为确保图书自提和上架工作顺畅进行，可以采用坐标定位技术解决机械臂无法准确定位的问题，实现类似“自动取款机”的自助式图书馆服务。

（2）图书管理系统

为了确保高校馆内的图书资源不会出现过多或过少的情况，需要进行实时监控，并对图书的现存数量进行控制。自助图书馆通过高校图书管理系统可以清楚了解读者对图书资源的需求变化，并预测图书需求量，总馆可根据这些分析结果进行图书资源调配，以满足读者需求。除此之外，当高校图书管理系统遇到故障时，它还能够自动发送报警信号。

（3）馆内监控设备

自助图书馆可以借助馆内监控实现犯罪防范、图书管理、入馆管理等功能。在自助图书馆正常运转的情况下，各项服务均能顺利展开。如果未经授权，将图书从图书馆内非法携出或者发生异常情况时，图书馆会即时自动发出警报并禁止开门，同时监控进行录像供事后查看整个过程。在自助图书馆安装监控摄像头可以提高图书馆的安全性。

（4）RFID 标签识别

自助图书馆中的所有书都用了 RFID 标签，它们与条形码和磁条共同使用。这种改变意味着图书不再受限于单一的自助图书馆，而是能够在总馆和其他自助馆之间任意流通。此外，RFID 标签的使用使得图书借阅和归还等工作更加方便快捷，使操作过程更为简单。此外，它还能够显示高校图书的位置、可借状态，还有存货情况等相关信息。

（5）图书损坏识别

自助图书馆通过计算机进行控制，可以利用技术识别图书是否损坏，并根据计算机设定的规则来判断是否需要进行报警。在终端服务器上，可以通过文本或语音来呈现图书损坏检测的评估和结果，这有助于识别损坏过程。

2. 自助图书馆的特点

自助图书馆是一种与传统图书馆显著不同的现代化图书馆服务模式。它具有以下特点。

（1）服务性

自助图书馆最初的设想是让读者获得更自主、更便捷的服务体验，摆脱传统依赖馆员的服务模式。在这样的模式中，读者可以按照自己的喜好和需要，自由地使用设备完成借阅、还书等相关活动。此外，这种操作方式也不受时间和地点的限制，它们的服务质量与传统服务也相同。这种倡导自主性的服务方式消除了传统图书馆服务的限制和约束，让读者在任何时间、地点都可以使用设备完成操作，为自助图书馆的服务性质添上了浓墨重彩的一笔。读者可在自助服务过程中，根据自己所需和意愿，运用个人技能积极参与服务，实现服务目标。这种方式充分凸显了读者的双重角色，既是操作员也是服务对象，彰显了主客体之间的互动和融合。

（2）科学性

目前，RFID 技术已成为自助图书馆的主要应用技术。其使用无线射频信号来自动识别物体，而不需要实际接触它们。借助空间耦合，RFID 技术实现了信息的传递和物体的识别。这项技术可以实现高校图书借阅服务自动化和智能化，为读者带来更好的体验。之所以能够实现这一点，是因为它充分利用了先进技术的优势。利用 RFID 技术，自助图书馆为广大师生提供了新的服务形式，提高了用户的满意度和使用方便性。自助图书馆遵循人性化服务理念，以科学化的方式持续推动高校图书馆服务的创新。

（3）高效性

与传统的大型图书馆相比，自助图书馆是一项全新的服务项目，它提供了更多优势和便利。相比于传统的大型图书馆建筑，它需要的土地面积更小、建设成本更低、展现效果更快、建设周期更短。因此，自助图书馆可被看作是一项新型服务，是传统图书馆和数字图书馆之后的“第三代图书馆”。自助图书馆更能满足读者的需求，不仅在服务方面，还在选址、布局和交通等方面更注重方便和快捷。自助图书馆具有无须人工看守、自助办理借还手续等方便的形式化特点。高校图书馆的文献资源得以更充分的利用，这源于自助图书馆的运作并成功体现了其高效性。

（4）广泛性

随着自助图书馆投入使用，越来越多的读者开始享用其中的服务，并且它获得了广泛的好评，因此高校图书的借阅量和阅读量已经显著增加。随着时间的推移，越来越多的读者喜欢在日常生活中利用自助图书馆方便快捷地借阅图书，以便丰富自己的知识储备。自助式图书馆已经成为一个趋势，因为它突破了传统图书馆的限制，更加受人们欢迎。这种普及所带来的影响不仅体现在给大量读者提供了便捷的阅读场所，还有利于提升高校图书馆的形象。

二、共享空间服务

（一）信息共享空间

信息共享空间（IC）是 20 世纪 90 年代在美国兴起的以共享式学习和开放获取运动为背景，以培育读者信息素养，促进学习交流、协作和研究为目标的一种创新服务模式。

一个专门为学术交流、知识创新和科学研究而设立的空间，被称为信息共享空间，在国外的高校图书馆中发挥着重要的作用，为用户提供了必要的信息服务。这个空间利用最新的计算机、网络和通信技术，以及各种学术、电子和教育资源，将高校内的学生、教师、技术专家和图书馆馆员等联系起来，为读者提供全面实用的信息服务。因此，美国的罗伯特·希尔（Robert Seal）认为信息共享空间具有普遍性、适应性、灵活性和公共性四个基本特征。

本书将在第六章第二节对信息共享空间服务模式进行详细的论述，在此不再赘述。

（二）第三空间

有学者从社会学的角度出发，把社会空间分为三个层次的空间：第一空间是家庭环境；第二空间是职场环境；第三空间便是日常生活中除家庭和工作地的其他场所，如酒吧、美术馆、图书馆、书店、咖啡店、公园等。第三空间指的是一种非正式的社交和文化交流场所，在此人们可以放松身心、享受娱乐、与他人交流、探索思想和创造性的表现形式，这些空间提供一个开放的环境，促进知识和想法的共享和交流。高校图书馆的第三空间可以实现从“书本位”到“人本位”的转变。“书本位”强调的是静态信息，“人本位”则更加强调动态知识的交流。高校图书馆为用户提供了一个平等、温馨、自由、可互动的学习与交流空间，最大限度地发挥了高校图书馆的社会公益性作用。

（三）创客空间

创客起源于美国硅谷人的“车库精神”，他们将创意点子从脑子“搬上”桌子，让越来越多的原创者自愿通过网络公开和分享自己的创意源代码。自1981年在德国柏林诞生全球第一家创客空间后，“创客空间”概念随后便在世界各国传播并引发热议。“创客空间”是美国图书馆近年来开展的一项创新服务，目的是吸引具有计算机、艺术设计、手工制作等共同兴趣爱好的群体开展聚会、社交、协同创作等活动。创客空间常被视作开放社区的实验室，整合了机器工厂、工作坊和工作室的元素，人们可以在其中分享资源和知识。高校智慧图书馆也可以引入这一模式，为师生提供一个聚会、社交、协同创作的空间。

（四）泛在空间

泛在图书馆是在高校智慧图书馆发展历程中的重要概念，是以用户为中心、重构用户需求服务方式的图书馆服务新模式，主要体现在服务范围、服务对象、服务内容、服务功能、服务空间、服务手段和服务机制等的泛在化上。泛在空间是由网络设施、硬件、软件、信息资源和人有机组成的新一代的知识基础设施。它是一个无所不在的、自然的、易于使用的学习环境，任何人都可以在任何地方、任何时间用他们身边的便携式设备来获取他们所需要的信息资源。高校智慧图书馆中也包含泛在空间，这有助于高校图书资源的有效利用，帮助师生获取其所需要的资源。

第五章　基于不同视角的高校智慧图书馆服务

本章为基于不同视角的高校智慧图书馆服务，内容分为四部分，依次是大数据时代高校智慧图书馆服务、“双一流”建设背景下高校智慧图书馆服务、教育现代化背景下高校图书馆智慧服务、四维度模型下的高校智慧图书馆服务。

第一节　大数据时代高校智慧图书馆服务

一、大数据时代图书馆智慧服务特征

（一）服务个性化

大数据时代用户需求的转变重新定义了图书馆服务，个性化定制服务成为智慧图书馆实施创新服务的保障。图书馆用户的需求不再是简单的资源查找，而是向智能化、知识化和个性化转变。因此，图书馆服务方式随之改变，通过数据分析等综合性技术的应用，发现、挖掘、满足不同群体在不同场景下的个性化需求。在智慧图书馆构建动态知识库过程中，对馆内资源进行科学组织和深度标引，结合用户的情景数据和数字足迹，运用情景分析、人工智能、数字挖掘、领域建模等方法；在对用户兴趣分析和隐性需求挖掘的基础上，为用户精准推送知识化产品和提供有效服务。

（二）空间泛在化

当前，智能技术应用日益广泛，泛在化趋势日益凸显，借助互联网等技术带来快捷高效的服务以让用户在任何地方都能满足需求，已经是不同组织取得竞争优势的关键。大数据时代，图书馆通过引入物联网、数据聚类等技术，由复合图书馆、数字图书馆逐渐迈向虚实结合的智慧空间，实现不同图书馆之间、用户之

间、图书之间、用户与图书之间的关联，服务空间突破本馆局限，得到延伸和拓展。从而实现用户在哪里，图书馆就在哪里；图书馆各要素之间不受时间和地点限制，实现全方位、立体化地为用户提供服务。

（三）技术智能化

在现今数据大爆炸的时代，图书馆的服务升级不可或缺地依赖于技术的支持。要让图书馆实现智能化和智慧化服务，需要使用先进的设备和工艺。互联网技术的发展使得图书馆大数据与用户的关联更为紧密，实现了文献资源与用户之间更好的协调，产生了异构多源的图书馆大数据。同时，图书馆利用技术充分挖掘和分析海量信息，使数据展现智慧，促进图书馆知识服务的整合和创新。

（四）发展融合化

大数据时代，融合成为图书馆发展的主要形态。有学者分析了国内外图书馆融合发展的趋势与特征，提出从数字图书馆趋向融合图书馆、以融合发展理念创新图书馆服务的命题。

大数据时代，图书馆融合发展的趋势愈加明显并不断深化。大数据价值发挥的关键在于数据的联通，数据孤岛、数据壁垒不利于数据共享、分析和利用，只有打破行业间的数据壁垒，才可能实现图书馆的数据价值。例如，“今天，深圳是座图书馆”AR 阅读活动在深圳全城展开：将智慧图书馆与移动网络两者结合，形成“行走 + 抓书 + 阅读 + 社群排行”新模式下的读者主动寻书、乐于阅读新模式。因此，图书馆无论是与互联网、教育、文化创意、区块链等不同领域融合，与人工智能、机器人等进行人机融合，还是跨区域的空间融合等，都在持续推进和不断深化。

二、大数据时代图书馆智慧服务层次构建

在大数据时代背景下，图书馆的馆藏资源已从传统的文献资源转向数据资源，这为图书馆提供了吸纳新技术的机会，并重新构建了服务体系。基于大数据环境，图书馆以馆藏数据、业务管理数据和用户行为数据等多元化的服务资源为基础，以创新化的服务手段为依托，对资源、技术、需求和空间几大核心要素进行整合，旨在创新大数据时代图书馆的智慧服务模式，并构建一套适应大数据时代的图书馆服务体系。

（一）资源层

面对格式不统一、结构不标准、资源难描述的海量数据资源，图书馆需要对其进行整合、规范化编码、开放共享和深度挖掘。在 E-science 环境下，图书馆数字资源建设初具规模，在很大程度上实现了开放和共享。

由此，图书馆可根据公认或自建的数据标准，对数据进行统一描述，完成数字馆藏资源、日常业务运行中产生的借阅数据、服务信息及用户在客户端或网址上留下的评论、点赞等个性化数据的标准化编码，进行格式规范的数据资源库建设，挖掘多源数据间的关联。此外，图书馆应加强与读者协会、兄弟院校、图书馆联盟等不同主体间的协作，进行数据共享，建设云数据中心。图书馆在构建资源库和服务平台、进行数据价值挖掘的同时，也要不断进行智慧图书馆的特色数据库体系建设。

（二）技术层

图书馆已经迎来移动互联网、社交网络、大数据、云计算、区块链等技术带来的冲击挑战，同时在技术应用过程中焕发出活力。在信息多维的时代背景下，众多学者一致认为图书馆智慧服务的实现必须依靠信息技术手段。图书馆利用 Wi-Fi、人工智能、AI、物联网、RFID 技术、感知技术、电子书架、云计算、超小间距 LED 数字展示等诸多现代信息化技术手段，为开展智慧服务提供解决方案。

（三）需求层

智慧图书馆的核心目标是在不损害信息质量的前提下快速、有效地满足用户的需求。在迎合用户需求的同时，图书馆采用更加精准的方法向用户推送资源和提供知识服务，这是促进智慧信息服务发展的重要推动力。

随着大数据时代的到来，全球的图书馆因少有人光顾而面临空巢化的境地。为了增加用户数量，图书馆可以提升其服务质量，以此吸引更多用户。只有掌握了一定水平的数据处理技能和技巧，才能充分挖掘并利用海量的数据价值。随着科学数据不断成为推动研究发展的重要推手，图书馆觉得有必要重新审视自己的角色，并且要充分挖掘馆内数据的潜力和培养用户的数据科学应用技能。

不断提高服务效能是图书馆服务的重要目标。为了在大数据时代提供良好的客户服务，需要建立以用户需求为导向的需求表达机制，促进图书馆馆员和用户之间的互动交流，并根据用户实际需求提供相应的服务和服务方式。

（四）空间层

上海图书馆馆长吴建中在设计浦东分馆时提出“第三代图书馆是以人为本”的理念，认为浦东分馆应设计为可接近性、开放性、生态环境和馆内资源充分融合，努力推进知识流通、创新交流环境、注重多元素养和激发社群活力的多元化资源共享图书馆。这一观点表明，未来第三代图书馆是集学习、教育、交流、社交、休闲于一体的综合场所。

在这个强调数据共享和互动的时代，图书馆服务作为一种新的文化空间范式，为用户提供了数据公开、数据共享的平台以及平等参与、普及大众的机会，创新了图书馆文化空间转变的范式。

三、大数据时代图书馆智慧服务5W模式构建

大数据时代图书馆智慧服务5W模式中的5W是指服务主体（Who）、服务资源（What）、服务手段（Which Channel）、服务对象（Whom）、服务效果（What Effect）。

（一）服务主体

这里的“服务主体”具体指智慧服务的组织者、践行者、服务者、管理者，即馆员。在用户服务方面，馆内自助借还、自修室座位网上预约等新技术和3D打印机、智能机器人等新设备的应用，需要馆员及时向用户宣传、指导用户使用，这是基础服务。在此基础上，馆员需要利用数据挖掘等技术，对馆藏数据资源进行深度分析，为用户提供精准科学的服务。此外，馆员还需要运用大数据、云计算、数据挖掘、社会网络分析等技术，对用户借阅等业务数据、图书馆网站情景数据和数字足迹等用户行为数据进行深挖，向用户提供定制推荐等个性化服务。馆员要做好图书馆空间优化，将图书馆打造成知识流通、创新交流、激发社群活力的多元化资源共享空间。同时，馆员还要做好智能设备管理与应用，如图书智慧清点排架、系统升级及设备维护等。

（二）服务资源

高校智慧图书馆智慧化服务的重点内容即挖掘数据资源。高校智慧图书馆的大数据主要分为以下几类：一是馆藏数据，包括图书馆图书期刊的数字化资源、音像资料、购买的数据库资源、科研活动中形成的科研数据等；二是业务服务数据，包括用户借阅数据、检索记录、资源购买荐购数据、文献传递记录和馆际互

借等数据；三是用户行为数据，包括用户在图书馆网站及微博账号、图书馆微信公众号上的留言点赞、转发、图书预约、评论等行为信息和情景数据。

（三）服务手段

高校智慧图书馆的服务手段和途径要基于稳定的构架支持，即智能化的硬件设备与信息技术。首先，网络设施是图书馆进行智慧化信息服务的基础，包括计算机设备、网络设备及存储设备、计算设备。值得一提的是，随着5G技术时代的到来，基站峰值速率从4G时代的1Gbps达到20Gbps，传输速度快、宽带频率高、网络兼容性强、稳定性好，不仅满足了图书馆大数据的储存、分析和应用，还为图书馆人脸识别借阅、导览导航、超高清互动直播等插上了腾飞的翅膀。此外，能够感知环境与自身状态、模拟人的大脑进行深度学习的智能机器人，包括具有参考咨询功能的智慧化机器人、无人搬运车、无人清洁车机器人、自动化智能图书存取机器人入驻图书馆已是大势所趋；基于超高频RFID技术的智能图书盘点机器人系统不仅能讲解接待，还能高效准确地分拣、盘点图书。以南京大学的“图宝”、宁波大学图书馆“旺宝”、深圳盐田区图书馆“欢欢”、上海图书馆“图小灵”等机器人为代表的“智慧馆员”，不仅吸引了读者关注，也将智慧图书馆建设推向新高度，推动了图书馆从传统到智慧的跨越。此外，监控设备、自动火灾预警、自动应急疏散、自动照明调控、绿色能源等楼宇自动化设备也为图书馆智慧化建筑增色不少。

高校智慧图书馆海量数据价值的实现离不开数据技术。图书馆的结构化数据、半结构化数据等多元异构数据，需要运用数据技术才能实现大数据价值。通过数据挖掘、Hadoop、语义分析、智能挖掘等技术对馆内馆藏数据资源和业务服务数据进行挖掘。通过对数据的检索、整理、融合、分析，不仅可以形成知识图谱，方便用户利用，还可以形成多维数据报表，为决策者在图书馆发展的顶层设计中提供科学的数据依据。此外，高校智慧图书馆可以运用网络爬虫技术、社会网络分析技术、数据可视化技术等对用户行为数据进行分析和管理，从而提供个性化精准服务。

在技术上，除了上文提到的数据挖掘、数据分析、云计算等相关技术，还有物联网技术、感知技术、人工智能技术以及以虚拟现实（VR）、增强现实（AR）为代表的传感器技术将馆内资源链接、资源与用户之间链接、用户与用户链接，从而实现资源与用户之间的互联互通。

（四）服务对象

图书馆依赖用户而存在。以用户为中心一直都是图书馆发展的立足点，也是图书馆智慧化服务的核心战略。图书馆借助语言识别、机器学习算法等技术，对用户生物数据、借阅数据、行为轨迹数据等进行挖掘，对用户行为进行分析，精准把握用户需求，从而为用户提供优质文献、VR 互动体验以及进行知识传递和个性化内容推荐。在大数据技术支持下，图书馆根据用户专业差异，匹配优质文献资源；在云计算支持下，建立云图书馆，使用户摆脱时空限制，获取图书馆动态性的数字信息资源。此外，在采集用户数据资源后，图书馆建立了用户画像数据库，以满足用户个性化需求。

信息急剧攀升和爆炸的大数据时代对用户数据素养提出了挑战。图书馆在深挖用户需求的同时，也要为用户提供数据素养教育。数据素养是大数据时代背景下信息素养的创新性发展，图书馆服务要顺应时代变化，在 E-science 环境下引入数据素养，让用户接触和理解数据潜在巨大价值，培养科学数据意识。

强大的数据挖掘技术带来用户个人数据泄露的隐患，而区块链等技术的发展为用户数据安全保驾护航。用户数据不再集中在互联网公司，而是分布式储存在用户手中，用户可以对自己的数字身份进行加密，只要用户出示的个人信息与区块链应用上加密数据一致，即可享受图书馆各类服务。

（五）服务效果

通过文献调研和高校智慧图书馆网络访问，建立智慧图书馆服务体系，以智慧馆员为服务主体，在计算机硬件、物联网、机器人、RFID 设备、无线网络及云计算的设施设备以及数据挖掘、VR、AR、语义分析、Hadoop、爬虫、社会网络分析等技术的支持下，为用户提供借阅、智能设备应用、阅读推广等基础服务；结合院系开展精准学科服务；深挖用户需求开展个性化服务，以及对图书馆空间进行优化升级，将图书馆打造成集学术交流、创意中心、休闲娱乐、社会交往等多功能为一体的空间。而用户在云资源中心和技术的支持下，一方面通过自助服务满足部分需求，另一方面将其他需求，如优质文献提供、VR 互动体验、知识传递、个性化需求等反馈给馆员，由此馆员和用户形成良好互动，建成以图书馆资源为基础、技术支持为双翼、用户需求为根本、馆员服务为王的智慧图书馆服务体系（图 5-1）。

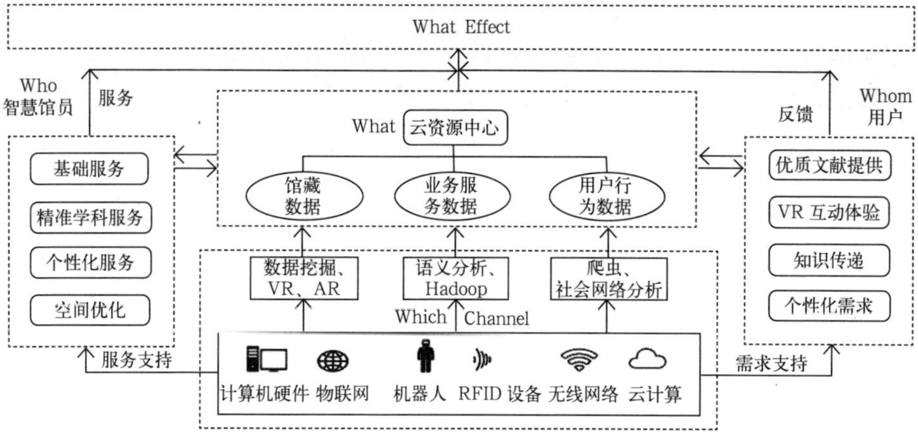

图 5-1　高校智慧图书馆 5W 模式

四、大数据时代图书馆智慧服务策略

（一）打造智慧体验空间

图书馆将以创意、文化和艺术等元素为特点打造新型空间布局，以书为中心，充分融入创意、文化和艺术等元素，创造一个有鲜明主题和舒适互动氛围的空间。图书馆逐步转向公共文化服务体验空间，以线上线下无缝衔接的新模式满足用户日益增长的公共文化服务需求。线上可以通过数字图书馆、数字门户、在线数据库、移动图书馆和云图书馆等方式实现资源广泛开放，为用户提供网上参与和互动平台，创新网上培训模式，并提供数字资源订阅服务、视频分享服务、网络社区互动服务等，促进线上服务能力的高效提升。线下将新技术融合到实体图书馆中，以数字展示、亲子阅读、创客空间、系列讲座等方式打造多样化的公共服务内容，创建一个能够满足用户多元信息需求的服务体验空间。

（二）建立用户档案

随着社会的发展，用户档案已经成为图书馆中不可或缺的一部分。图书馆可以利用现代化的技术手段，关注用户数据的保护，积极与用户沟通并建立用户档案，同时重视这些档案的数据安全性；借助数字技术，优化图书馆用户的到馆时间、检索内容、使用频率和推荐购买等方面的服务；根据用户的静态和动态信息，结合可用的资源，打造个性化服务产品，主动呈现相关服务信息给用户。

通过应用先进的数据分析和知识挖掘技术，图书馆为用户提供具有个性化定制的阅读服务，同时积极推行新兴技术，以推动图书馆的数字化和智能化发展。在大数据时代，图书馆以用户为中心的理念成为其服务的起点和终点，同时也是其生存和未来发展的核心战略。

（三）开展数据素养教育

用户能够充分利用数据关键在于其对科学数据的有效收集和整理。获取数据的过程包括获取基础信息、进行文献检索、利用学术信息、进行评价和管理，并最终将其发布。这些过程需要具备信息检索和处理方面的技能和知识，深度挖掘数据并将其应用于科研成果的过程需要掌握图表制作技巧。许多高等学府组织了关于数字人文和SNA 工具的研讨会，其中包括运用 GraphPad Prism 5.0 这种绘图统计分析软件，如东南大学图书馆举办的有关人文社科研究与数据素养的讲座。此外，高校提供针对最新研究领域的培训课程为学科发展提供了推动力，同时也满足了用户对前沿知识追求的需求。

以用户需求为中心，积极展开相应服务的提供，并加强推广和营销。在满足用户需求和提供相应服务的同时，图书馆运用专业化的品牌营销与推广手段，以确保完成商业目标。例如，利用世界读书日、流行影视作品以及本地传统节日等因素，增强与读者之间的联系，进而推动营销活动展开。此外，图书馆应利用搜索引擎、社交媒体平台、即时通信工具等全方位推广，并加强设备间的互联互通，包括手机、数字电视及个人电脑等。同时，图书馆需全面规划和设计网络资源推荐和用户互动等功能，以不断满足用户需求。

第二节 “双一流”建设背景下高校智慧图书馆服务

一流的大学需要一流的文献信息资源服务和学科服务做支撑，党中央、国务院建设世界一流大学和一流学科（以下简称“双一流”建设）的重大战略部署决策为高校图书馆智慧化转型提供了百年难遇的发展契机。高校图书馆是学校的文献信息中心，是为人才培养、科学研究服务的学术机构。高校图书馆应全面参与“双一流”建设，推进高校图书馆率先从数字图书馆、复合图书馆向更高层次的智慧发展，进一步为高校人才培养、教学科研、产业创新提供更优质的资源、信息保障以及为“双一流”建设提供更专业、精准、融合和泛在的服务。

一、图书馆智慧化发展下的业务重塑必要性

图书馆发展历史始终伴随着科技的发展和融合，时代和信息技术的每一次革命和变迁都对图书馆的转型和发展产生了深远影响。随着图书馆朝向智慧化发展，图书馆自身发展局限和矛盾越发突出，在“双一流”建设背景下，图书馆的发展格局和矛盾关系发生了新的变化，作为图书馆主要服务对象的教师和学生迫切需要被提供更深层次的服务，同时对图书信息资源呈现方式提出了更深、更专业的要求，其原服务体系和服务能力也面临更大的挑战。印度图书馆学家阮冈纳赞（Ranganathan）指出，图书馆是一个生长着的有机体，目前高校智慧图书馆在不断朝智慧化生长，这一过程中的矛盾也愈发凸显。传统图书馆主要矛盾是图书馆的资源保障率不足和读者的资源需求旺盛之间的矛盾；而当前图书馆智慧化发展过程中展现出的主要矛盾是读者对图书馆智慧化服务等新型服务能力的需求和图书馆服务能力有限之间的矛盾。具体来说，一是传统图书馆以自身为中心与智慧图书馆要求以图书馆用户为中心的矛盾；二是传统图书馆以自身资源建设为中心与智慧图书馆要求以用户服务为中心之间的矛盾；三是传统图书馆以实体到馆服务为中心与智慧图书馆要求向嵌入式、沉浸式服务为中心之间的矛盾；四是传统图书馆以过程服务为中心与智慧图书馆以服务效用为中心之间的矛盾[①]。

在“双一流”建设背景下，图书馆需要进行转型，实现智慧化。为了完成这个目标，传统图书馆需要对自己的服务内涵和业务结构进行整合，同时创新技术和服务的融合。这样一来，图书馆就可以缩短其与读者之间的距离，改进其存在的问题。

二、“双一流”建设背景下高校智慧图书馆服务技术

高校智慧图书馆的发展正处于建设一流大学的历史进程之中，这一进程面临着前所未有的机遇与挑战。图书馆的主要职责是获取和提供各种文献资源，以满足读者的学术和知识需求，并为他们提供流通服务。在当前大力推行“双一流”建设的背景下，高校图书馆肩负着更为重要的任务和使命，不再局限于以往的传统收纳和服务功能，而应更加注重资源的创新形式和流通方式，以更好地促进资源利用效率的提升。图书馆资源的存在与利用，并非仅限于传统的载体形式，它还与图书馆体系的整体支撑、渠道形态、呈现方式和管理模式等密不可分。因此，

① 初景利，赵艳．图书馆从资源能力到服务能力的转型变革 [J]. 图书情报工作，2019，63（1）：11-17.

在向智慧化转型时，需要深入了解图书馆的发展路径和模型，同时也需要将最新的计算机科学和通信技术融入进来。这样，就可以与图书馆智慧服务模型相结合，为用户提供更广泛的服务空间。

（一）VR+ 沉浸服务

VR 技术是一种能够模拟并提供使用者与计算机交互功能的仿真技术。它具有可以操纵虚拟环境、深入人的情感、提高人的认知能力、实现远程展示和网络交流等特性。VR 技术的发展让人们能够在城市、商场和街区等场景下获得更加真实、身临其境的体验服务。在 2018 年的俄罗斯世界杯期间，电信运营商在比赛的 11 个主办城市建立了 VR 试验区，使用者只需在指定区域戴上 VR 设备，就可以享受身临其境的全景观看赛事体验，无须亲临现场。智慧图书馆的目标是通过使用 VR 技术等方式，有效地存储、整理和传播信息、数据和知识。因此，VR 技术与智慧图书馆的建设密切相关。尽管高校分校区的图书馆资源可以在一定程度上互通有无，但是各校区的图书馆设施和服务质量还未达到共享的标准。智慧图书馆和 VR 技术的结合可以在学校内创建 VR 图书馆，而不需要学生亲自走进实际的图书馆。VR 技术可以使用户具有身临其境的感觉，并且还可以通过计算机视觉技术对场景进行优化，以获得更好的效果。该体验区可以设置在学生聚集的区域，或者是远离图书馆的区域，也可以是跨校区共享的图书馆体验区。

（二）AR+ 情境化

AR 技术是使用计算机视觉技术，将虚拟场景与真实世界场景相结合，创造出一种超越现实的应用场景的技术。该技术使得用户可以在现实世界中看到虚拟元素，增强现实感受。它将真实世界和虚拟元素融合在一起，能够实时响应用户的操作，而且采用了三维位置追踪等先进技术。虽然 AR 技术的理念很早就有了，但是由于技术限制的束缚，它的发展一直没有取得实质性进展。在图书馆，随着计算机视觉技术、5G 通信技术的应用，人们对 AR 技术的应用前景越来越看好。这项技术与智慧图书馆应用可以完美融合，从而为读者提供更加真实生动的交互体验，如三维图书展示、AR 导航、可视化搜索和智能创意工作空间等。通过 AR 技术，在图书馆中探索资源、交互应用变得更加便利和有趣，读者的图书馆之旅也变得更加丰富多彩。

（三）智慧分析 + 资源推荐

当前，图书馆提供了大量的高清图书、高清视频、电子藏书等富含多种表现形式的资源，并且随着互联网和计算机新技术的不断更新，读者获取信息的渠道也日益多样化。由此，图书馆服务方式也需要跟随时代变化而转变，以读者需求为中心来提供服务，不再是单纯由图书馆决策。针对这个问题，图书馆提出了一种方案，即使用智能分析技术对读者的用户画像进行分析，并根据其兴趣和需求，为其推荐个性化的阅读资源，以提升用户体验。针对每位读者的不同情况，图书馆提供针对性很强的阅读推荐服务，推荐的内容充分考虑了读者的各种关键因素，如他们的学术背景、专业知识、阅读偏好和个人爱好以及需求等。例如，学者熊太纯等人提出利用云计算等网络信息技术构建个性化服务模式，改进个性化互动服务方式，以提高图书馆储存文献的利用率。很多学者，其中包括叶春蕾等人，提出了一套方案，该方案重点是为图书馆用户提供个性化的推荐服务，前提是用户对信息的需求不强烈。该方案主要结合了电子追踪技术和 5G 技术，通过区域内的相机捕捉读者的单张卡或手机 GPS 等，收集读者的身份、所属学院、借阅历史等信息。这些信息将被实时地传输给智慧图书馆系统，系统使用大数据分析技术对读者进行情景化推荐，同时为图书馆管理者提供有关读者行为和偏好的详细数据分析。

（四）泛在化 + 智能管理

智慧图书馆的广泛应用使得我们可以在科学技术的发展过程中不断拓展其实用性。比如，我们可以利用指纹识别、虹膜识别和人脸识别等新技术让图书馆的自动化管理成为现实，同时很多高校的图书馆查询、借还书都已通过自助完成，从而极大地减少了图书馆馆员的工作量，使其将更多精力投入学科服务和技术咨询方面。在商业和零售领域，自助服务模式已成为常见选择。例如，欧尚超市自动化运作，实行无人管理模式：顾客到达超市后，通过扫描微信二维码，即可进入，门也会自动锁定；在选择商品后，顾客只需通过扫描二维码完成支付，就可以离开超市了。阿里和京东的无人超市为了确认顾客身份，采用了人脸识别技术，顾客需要在进门前将面部特征进行验证，以便让系统匹配与其账户相对应的信息。亚马逊的自动化商店 Amazon Go 运用了两项专利技术，一是“侦测物体互动和移动”，二是“物品从置物设备上的转移”，这些技术被广泛应用于零售业和商业终端，也为图书馆的自动化发展提供了借鉴和参考。

三、“双一流”建设背景下高校智慧图书馆服务实现路径

随着“双一流”建设项目的实施，用户对图书馆的智能化系统和服务也提出

了更高的要求。由于用户的要求越来越多，越来越专业化、普遍化，所以图书馆的智能化服务流程和模式备受瞩目。想要建立智慧化图书馆模型，必须使用最新的硬件设备和软件框架来构建智慧化服务系统。为了更好地实现智慧图书馆的服务细节，需要对其实现流程进行细分，剖析各个层次之间的关联，并创建相应的数据结构和模型结构。笔者根据图书馆智慧服务架构模型将其分为用户信息采集、用户数据云存储、用户大数据处理、用户个性化推荐服务等几个模型层次，用于更清晰地展现图书馆智慧服务的内部组织结构和服务过程，这些模型层次并非纯粹的线性关系，而是相互有着交叉和融合，具体如下。

（一）用户信息采集

智慧图书馆是一个泛在的、开放的信息空间和智慧服务中心。智慧图书馆环境下的读者使用的智能交互终端和信息源端呈多样化趋势，其不同于以往从读者信息卡片中读取信息的方式，而是需从多渠道、多媒介如智能手机、智能蓝牙设备、智能穿戴设备等读取读者信息，包括姓名、年龄、学历、专业、性别、浏览记录、评论记录、借阅记录、到馆记录、馆内情景记录等。此类信息包括了结构化数据和非结构化数据，因此需要进行一定的数据处理，通常通过聚集、渐进抽样、维规约、特征子集、离散和二元化等方式，去除一定噪声数据，从而进一步分析提取所需信息。

（二）用户数据云存储

智慧图书馆的数据比较独立，其中大部分是非结构化数据。由于数据量大且读者对数据量、查询速度和互动性的需求不断增长，传统的本地服务器存储方法已过时。因此，为了实现各种不同类型数据之间的相互通信和共享，智慧图书馆的资源必须在云端进行整合和存储。传统的图书馆管理数据方式被云端数据存储模式取代，这种新的方式没有那些束缚管理数据的限制。如今，网络存储和分析数据的方式已经变得非常方便。由于云端的系统具有更强大的集群能力和分布式处理能力，与使用本地服务器相比，这种方式可能更加高效。为确保图书馆信息安全，需要在云环境下对不同类型的图书馆数据管理员和读者进行权限隔离，并为它们分配不同的管理和使用权限。这样做可以有效保护信息的机密性、完整性和可用性，防止信息泄露和不当使用。在云存储权限方面，有一种读者账户的选项，该选项允许读者自行管理云知识平台。另外，云平台也提供了更好的交互方式，使智慧图书馆与读者之间的互动更为便利，这进一步体现了智慧图书馆的人性化服务理念。

（三）用户信息大数据处理

在对用户数据进行初步筛选并去除噪声之后，其中仍然会存在大量的读者信息数据。为了向读者提供更符合他们兴趣的资源推荐服务，图书馆会从各种来源获得用户数据，包括他们的简介、网站访问记录、点击记录、参与记录等内容，然后分析这些数据并制作用户资料。

收集信息时会遇到两个难题。一是信息来源多样、复杂，因为在图书馆里，馆藏的资源种类很多，有纸质的书籍、电子资源和多媒体资源等，还有用户的个人信息、借阅记录、评论等信息和用户的在线活动、社交网络活动等互动信息；所以这里需要处理大量的数据，从而对数据处理提出了很大的需求与挑战。二是数据非结构化，由于数据源的复杂多样，数据格式、数据编码、类型和特征均存在较大差异，数据呈现非结构化、异构化特征。数据分析面临的主要挑战之一是异构数据的利用和融合，为了解决这个问题，可以尝试将异构化数据进行同构处理，如通过数据清洗、分类和聚类等处理手段，去掉噪声数据和干扰数据，得到可用于用户分析的数据。

（四）用户个性化推荐服务

智慧图书馆系统中，用户个性化服务层是最重要的一层，它通过个性化推荐算法和智能推荐系统，为每个用户提供针对其需求的专属服务。传统的推荐方式通常基于静态的、结构化的数据，如用户的学科类别、专业分布和热门阅读排行榜等，推荐算法简单易懂，容易实现。然而，这种方法的准确性和效果都不如预期。基于大量数据处理的个性化推荐系统是通过对每个人的阅读和行为习惯进行深入的了解，收集和分析多个角度和维度的数据，然后运用不同种类的算法，如关联规则算法、协同过滤算法、群体智能算法、支持向量机、人工神经网络等，来为每个人推荐适合他们的文章、图片、视频等丰富的多媒体内容。这种方法具备精确、互动和先进等特性。

随着我国高校“双一流”建设的进一步推进，智慧图书馆的服务价值日益凸显。智能化图书馆的发展方向已经确定，为了实现更大的进步，需要进行创新和融合。在智慧图书馆建设方面，需要将技术和资源管理相融合，体现“智慧工匠”的理念，倡导社会主义核心价值观，强调创新和管理转型，以创造具有中国特色的智慧图书馆为目标，为高校“双一流”建设做出积极贡献。

第三节 教育现代化背景下高校图书馆智慧服务

2019年2月，我国政府印发了《中国教育现代化2035》文件，旨在促进教育信息化和智能化建设，创新教育服务，转变教育治理方式，建立数字化教育资源共享机制。在人工智能和大数据技术的普及和现代化教育的推动下，高校智慧图书馆成为知识输出和师生教学科研的重要工具。因此，图书馆服务需要从简单的图书查询向更深刻的知识需求满足方向发展。高校智慧图书馆旨在提供智能化服务，实现智慧化建设，满足读者不断增长的需求。这份文件颁布的目的是通过实现知识推荐、知识挖掘和智慧检索等服务，提升图书馆的服务水平；通过建立功能完备、服务精确和管理有效的服务体系，向高校智慧图书馆提供支持，服务于高校人才培养和科学研究，促进图书馆服务转型和创新。

一、教育现代化背景下高校智慧图书馆服务存在的问题

（一）有待完善的现代化服务体系

人工智能技术已成为高校智慧图书馆建设的必要支撑，可以使其经营方向和服务领域更加广泛。然而，有些图书馆过分追求信息化建设，导致了知识服务和读者资源检索效率和质量的降低。因为各高校智慧图书馆的技术和服务标准不统一，缺乏综合性和完整性，所以无法在不同的学校和行业之间有效地实现服务协同和知识共享。尽管高校智慧图书馆提供了定制化服务，但所涉及的只是读者的基本信息、借书记录以及检索历史等浅层次信息。这忽略了读者的个性化阅读偏好，而且提供的服务内容过于单一或通用化，无法满足读者随时变化的多样化阅读需求。高校的网络化、数字化、个性化、终身化的教育体系无法得到良性互动，这个局面需要进一步改善。

（二）相对落后的图书馆现代化设施

在现代化教育的趋势下，教师和学生对于阅读的需求更为广泛丰富。高校智慧图书馆应该创造舒适的阅读空间，通过资源共享和共建，帮助读者培养创新能力、协作意识和实践思维，使他们更好地适应未来社会。由于缺乏足够的资金和技术支持，目前高校的智慧图书馆未能普及高科技设备和平台，最终导致智慧服务所提供的内容和活动受到限制。智能化、深层次的服务体系在高校智慧图书馆

方面还未得到实施，主要原因在于资源整合不够充分。此外，在智慧图书馆中，使用智能机器人为读者提供咨询服务的方式并不常见。

二、教育现代化背景下高校图书馆智慧服务的策略

在当今教育现代化的背景下，高校图书馆应更新服务模式，充分利用信息化、智能化以及数字化等新兴技术，提高服务质量，积极支持教学和科研工作，助力学生能力提升。

（一）创新服务理念

教育的现代化必须始于对教育观念的更新，而高校智慧图书馆则需要不断适应时代变化，重新定位智慧服务的职能。高校智慧图书馆的服务质量将得到提升，这将得益于推动创新的管理机制以及更新后的技术设备。第一，高校智慧图书馆应将读者需求放在优先位置，引入先进技术设备，使馆藏资源、读者和馆员能够实现智能管理，以此提升服务质量；应提出创新的智慧服务理念，构建卓越的图书馆智慧服务网络；应重新构思高校智慧图书馆的服务模式，采用先进的技术手段和智能服务理念，以满足读者的需求为目标，打造更具有创新性和便利性的图书馆服务。第二，随着教育现代化的发展，图书馆需要转变为信息服务平台，不仅是传统的图书馆藏书机构；需要以创新的方式提供知识和服务，并增强其智慧服务能力。第三，高校智慧图书馆需要考虑当下的社会环境，随时调整服务方式，弥合自身缺陷。在信息技术高速发展的时代，高校智慧图书馆可以利用互联网构建数字图书馆和个人库，以满足读者个性化和数字化的智慧阅读需求。第四，高校智慧图书馆可以建立一个经验交流平台，介绍新书推荐和在线预约服务等功能，以不断完善我们的服务并提升服务质量，为教育现代化的发展尽一份力。

（二）优化高校智慧图书馆服务内容

现代教育中，学生和教师都希望持续、积极地学习和更新知识，因此图书馆需要适应这一需求，从传统的被动服务转向主动服务，以读者为中心，提供更优质、更智慧的服务。作为一名从事图书馆工作的人员，首先，需要深入了解大数据和人工智能等现代科技，以便更好地为读者提供更高质量的服务；需要借助数字化和智能化技术，不断创新阅读服务项目，以满足现代教育的紧迫需求。其次，馆员需要利用尖端技术，充分利用图书馆资源，采集、分析并加以整理，以此提供更加智能化的产品和服务，以提高服务质量并开拓新的服务领域。最后，馆员

需要利用数据挖掘技术来搜集和整理读者的阅读习惯，建立阅读服务模型，分析读者对于个性化和多样性阅读内容的需求，以更有效的方式利用图书馆资源，培养具有国际竞争能力的应用型、复合型、创造型人才，提升智慧服务的质量。

（三）完善高校智慧图书馆服务方式

人类社会在不断地发展，迈向现代化的步伐正在加快。教育是实现人类现代化的重要手段，只有通过教育的现代化，才能真正实现人类的现代化。高校智慧图书馆的目标是为学生和教师提供更好的信息资源整合服务，通过建立资源共享和协同发展的智能服务生态系统，实现更高效、更便捷的信息检索和利用。首先，高校智慧图书馆为了让师生在智慧服务中共同学习和研究，需要对已有的知识进行深入的加工和整合，以促进知识服务的互惠互利和互动合作。这样一来，我们就能够不断丰富和积累知识，并且为各种学习和科研需求提供更加全面和个性化的支持。其次，高校智慧图书馆还可以加强图书馆与其他大学机构、数字阅读产业和出版机构的合作，建立服务网络，以此实现资源共建和知识共享的目标。在高校图书馆中，智慧云服务平台是十分重要的。这个系统可以确保所有师生平等地获得知识信息，并使高校图书馆资料实现联网、合作共享。最后，各高校智慧图书馆成立高校智慧图书馆联盟，遵循同一种数据标准，并通过资源共享来增强合作服务能力。高校智慧图书馆的服务模式和服务规范应普遍适用于不同领域，以充分发挥其在人才培养和学科发展方面的积极作用。

（四）充实高校智慧图书馆服务力量

现代教育必须配备现代图书馆，这意味着需要不断更新图书馆的设施和技术，建设高质量的阅读基地和学术信息中心，以方便读者获取高质量、高效率的服务。第一，高校智慧图书馆要以优化读者阅读服务体验为基础，构建智慧服务新形态，其要提供一种便于读者使用的智能化检索服务，具体实现方式为采用二维码技术和蓝牙扫描技术；通过将多种媒体形式相结合，如文字、音频和视频等，来加深读者的理解和认识；应该专注于建立一个全面、高效的阅读社交平台，以提升读者的阅读理解能力和思辨能力。第二，高校智慧图书馆要发挥技术优势，优化读者阅读流程，构建智慧服务新模式，其要将多种元素，如“互联网 +”“智慧服务”和教育现代化融合到高校智能图书馆的服务模式中，以提高图书借阅效率，并实现读者在线上和线下阅读之间的无缝衔接；通过使用智能技术来汇总和分析读者的大量阅读数据，以此创建一个包括读者过去和当前阅读行为在内的总体描述，或者说是一个读者阅读行为模型。这个模型可以帮助图书馆提供更加智能的服务。

现代化的教育需要借助前沿的教育理念和科技手段。图书馆的建设始终与其他领域的发展密不可分。此外，智慧化服务是图书馆建设的重要方向，也是教育现代化的重要组成部分。在当今世界人与人思维方式不同和技术飞速发展的环境下，高等院校智慧图书馆必须紧跟潮流，更新自己的知识，积极适应变化，勇于挑战未知领域，以便在高等院校的发展中创造更多的机会。高校智慧图书馆应当加强服务的专业化、智能化和个性化，以满足学科发展的需求，实现更深层次的图书馆服务与教学教育的融合，更加精准地满足教学需求，为现代化教育贡献更大力量。

第四节　四维度模型下的高校智慧图书馆服务

未来高校图书馆的主要发展方向在于高校智慧图书馆。研究高校智慧图书馆服务的四维度模型可以为其创新理论提供更多的丰富内容；构建四维度模型有助于了解高校智慧图书馆服务创新的本质规律。

随着科技的迅猛发展，新兴技术如云计算、大数据、物联网、人工智能和区块链等已经深刻地影响了图书馆的发展。这些新兴技术不仅促进了智慧图书馆技术的改革，还扩展了图书馆的服务领域。在现今的高科技影响下，高校图书馆的服务环境和信息资源以及用户信息行为都发生了巨大的变化。这些变化将带领图书馆从以往的实体和数字化转向智慧化，并且从知识管理转变到智慧管理，服务也将从知识服务提升到智慧服务。

目前，智慧图书馆服务的研究主要从三个方面展开。第一个方面是对智慧图书馆服务价值以及内涵的探讨。张延贤等学者认为，智慧图书馆服务是图书馆对读者的自主选择，由知识性服务和智能性服务以及理念性服务构成；而刘秋让等学者则强调智慧图书馆的体系概念是开放性的，智慧图书馆的自我价值与社会价值是相互贴合、相互促进的。第二个方面是对智慧图书馆服务策略与模式的研究，学者尹克勤等人建立了新型的智慧图书馆服务模式，该模式的中心为广大读者，运用了云计算、人脸识别等一系列的先进技术以便满足读者在信息检索、知识挖掘等方面的全方位需求。第三个方面是深入挖掘智慧图书馆的个性化服务，包括构建智慧图书馆门户网站、研究全方位的服务感知、探索在开放获取环境下的服务转型、分析嵌入式知识对服务的影响等内容。如何将高校图书馆转变为智慧图书馆呢？有没有一种更有效的模型，能够使智慧图书馆更容易实现呢？

创新是实现智慧图书馆的重中之重，高校图书馆的存在基础在于为读者提供服务，这意味着需要不断进行服务创新。从20世纪80年代开始，学术界开始对“服务创新”密切关注和深入研究。根据一些学者的观点，服务创新是一个寻求问题解决方案或方法措施的过程，它不仅指代某个具体的产品或事物，还需要集合大量具备不同技能、技术和组织能力的人员，以达到解决顾客和企业问题的目的。随着研究的不断深入，服务创新的研究领域也越来越宽泛。1998年，比尔德贝克（Bilderbeek）等学者提出了一种包括四个维度的服务创新模型，其中包括新服务概念（维度一）、新的顾客界面（维度二）、新的服务传递系统（维度三）、技术（维度四）。这个模型详尽地描述了服务创新的各个方面，阐述了各个维度之间的联系。在这个模型中，任何一种服务创新都可以视为这四个维度的不同组合。因此，它完整地涵盖了服务创新所牵涉的各种要素。

服务创新四维度模型提供了一个全面的概念框架。这一模型将企业服务创新视为四个维度的特定组合，以实现服务创新目标。在该模型的指导下，学者能够根据实际情况选择适应自身需求的创新模式。该模型从服务的角度出发，全面深入地探究了医疗、文化、旅游、房地产、学术图书馆等领域的服务创新模式，丰富了相关行业内的服务创新理论，并为实现相关领域的服务创新提供了理论依据和实践指导。研究指出，利用服务创新四维度模型有利于构建学术图书馆基本的服务创新理论模型，揭示服务创新内在规律。

系统性、多维性、联动性是高校智慧图书馆和学术图书馆的相似之处。除此之外，智慧图书馆也有其独特之处，采用四维度模型来研究智慧图书馆的服务创新可以丰富我们对服务创新的认知，揭示服务创新的内在规律，实现服务创新和智慧图书馆的有效协同，同时也可以更好地满足用户的需求。

一、高校智慧图书馆服务创新四维度模型构建

高校智慧图书馆服务创新四维度模型的服务对象是教师和学生。以图书馆为主体，以传感器、可穿戴设备、终端等硬件及大数据、云计算等算法为手段，将图书馆的线上资源和线下资源进行整合，从中挖掘服务创新点，最终实现图书馆和服务对象的有效交流互动以及服务质量的提高。该模型应当符合以下要求。首先，深挖各维度的本质特征，以本质特征决定模型在不同情境适用过程中的细微区别，将四个维度有机结合成一个有效的服务产品。其次，建立起智慧图书馆的

新服务概念、新顾客界面、新服务传递系统和支撑技术四者之间的有效关联。选择能发挥最佳作用的服务传递系统（服务渠道），将图书馆和服务对象有效连接，注重技术对其他三个维度的支撑作用，使模型各维度的交互方式可以更好地为服务创新这一最终目标服务。最后，将四个维度构成一个完整的系统，并均衡四个维度各自的内容，避免由于某一维度在模型系统中权重过重，或者部分维度缺失导致最终服务产品偏离目标。

综上，构建服务创新四维度模型的总体架构。在模型中，高校图书馆在支撑技术支持下，开发出“新服务概念”，通过新的服务传递系统（服务渠道）及新的用户界面传递给服务对象，这个传递过程伴随着服务价值的流动；服务对象对新服务产品的体验感受和对服务的需求向智慧图书馆传递，用于不断改善服务产品。

二、高校智慧图书馆服务创新及四维度模型的完善

（一）维度一：新服务概念

在高校，图书馆是提供服务的核心主体，是推动服务创新和提供服务价值的中心。这种创新不创造实体产品，而是针对服务对象的需求提出的解决方案或概念。图书馆要确保创新服务产品具有强劲的竞争优势，能够更好地吸引服务对象，并且能够保证创新结果的实际效果。其主要特点包括以下几个方面。

一是理念创新，即提供以人为本的个性化的服务。以人为本是高校智慧图书馆创新服务发展的核心理念。高校智慧图书馆以智能技术为支撑，全面升级服务环境、拓宽数字服务范围、优化服务方式与方法，为用户提供人性化定制服务，让用户能够享受高端智能的图书馆服务。个性化服务模式全程贯穿以人为本的服务理念，通过分析不同用户的行为，为他们提供个性化、精准、多样的服务。在这种理念的指导下，智慧图书馆实现了从“人找书”到“书找人”的转变，将“服务噪声的”的不良影响降到最低，节约了图书馆的服务资源。图书馆所提供的服务正逐渐丰富，其中包括利用 AR、VR 以及体感技术等新技术的服务，这些技术为进一步开发个性化的服务产品提供了技术支持。智慧图书馆的服务理念与传统图书馆不同，它的服务宗旨是从“千人一面”发展为“千人千面”，为不同的用户提供符合其实际需求的个性化服务。

二是一站式服务，也可以说是全方位服务、一揽子服务等。高校智慧图书馆以用户为中心为其提供一站式服务，将图书馆的资源和服务整合在一起，在一个

地方满足用户多种需求，帮助用户更方便快捷地享受丰富多样的图书馆服务。一站式服务需满足以下条件：第一，所有软件应实现完全互联，用户登录任一模块后，无须再次登录即可顺畅进入其所拥有的其他软件模块；第二，统一数据中心，通过将所有的应用子系统和各个模块高度整合，创建一个统一的数据中心，在保证信息安全的前提下实现学校其他系统和网页的互联互通和信息共享，在此基础上，打造智慧图书馆服务平台；第三，为了提供一站式的大数据解决方案，整合各业务系统的数据，为用户和管理者的工作和学习提供支撑，应用大数据算法对数据进行统计、分析和输出。帮助用户快速建立大数据分析平台，轻松制作个性化分析报告，并为用户提供交互式分析操作，以高效地释放数据价值，实现高校智慧图书馆的一站式服务。

三是概念创新。高校智慧图书馆的智慧服务首先体现在智慧的行为，智慧的行为是智慧图书馆的基本特征，体现为全面感知和自我管理。全面感知是利用温湿度传感器、光线感应器、红外传感器等设备和 RFID、NFC 等信息技术对图书馆设施设备、图书馆内外用户的不同状态予以感知。例如，采用温湿度传感器和光线感应器可以感知馆内环境的变化，自动调节温度湿度和光照强度；GPS、RFID、NFC 等技术结合使用可以准确感知用户位置和移动轨迹、馆藏资源使用频率，并将其汇总形成数据库，为图书馆工作人员决策提供数据支持。自我管理指的是在图书馆实现全面感知的基础上，通过图书馆管理系统分析，实现对图书馆设施设备、资源、人员的有效自动管理，避免不必要的人为控制与干涉。例如，结合当天室外气温、自然光照强度等数据，将馆内温湿度、光照强度自动调节到人体最为舒适的状态。此外，对馆藏资源使用频率、用户行为数据分析后，可以实现图书等实体资源自动盘点、自动定位、合理排布，以及电子资源的自动筛选优化、相关度分析、资源推荐等，减少了人工成本，降低了差错率。

四是更加泛在的关联。高校智慧图书馆利用通信技术在时间和空间维度上向外扩展，构造无线泛在的使用环境。高校智慧图书馆将内部各类设施设备、馆藏资源、馆员这些形式相异、内容不同的系统通过物联网关联，与服务进行整合，使资源从分散、异构向集约、统一转化，为与图书馆外部系统的连接提供统一接口。此外，服务对象通过图书馆提供的接口能够在任意时间、任意地点以任意方式获取到所需的资源、信息和服务，使图书馆的服务效率和资源使用率最大化，真正做到用户在哪里，图书馆就在哪里。

智慧图书馆的智慧服务和管理的成功需要依靠馆员的智慧发挥核心作用。因此，馆员及其智慧是实现智慧图书馆智慧服务和管理的重要因素。高校图书馆在发展过程中，其业务内容和工作重点也会随之变化。在智能时代，需要重构业务内容和业务架构以及业务流程等，重新分配业务体系，提高馆员的专业能力和素质。除了具备标准化的服务技能，图书馆馆员还需要在提供服务时展现高超的智慧。因此，为了进行有效的人力资源建设，除了需要拥有高水平的技术人才，还需要具备专业知识的图书馆馆员和能够全方位服务的复合型人才。

（二）维度二：新用户界面

四维度模型中的新用户界面指服务提供者与顾客之间交互界面的创新。高校智慧图书馆的服务交互是馆员与用户的接触面，用户与图书馆物品（包括实体与电子的资源、设施设备等）的接触面，用户与用户的接触面。服务对象指的是享受智慧图书馆服务的主体。对于高校智慧图书馆来说，服务对象除了本校的学生、教师以及图书馆员工，根据服务深度和广度的差异，还有合作企业的科研人员、校友以及馆际交流的外馆用户等。高校智慧图书馆的新用户界面主要包括以下几个方面。

1．学生需求的界面设计

学生对智慧图书馆的需求主要涵盖两个方面。一方面是针对学习而产生的需求，这要求图书馆提供更具创新性的服务，以更好地满足学生在智慧学习和移动学习方面的需求。利用数据挖掘技术深入分析学生用户的个人信息和阅读记录，以便图书馆管理系统定期更新馆藏资源、网站信息和手机端信息。此外，图书馆要为学生提供下载和阅读学习的资料链接以及馆藏地址，并确保提供的资料与教学进度保持同步，便于学生获取最新的学习资料。学生可以通过使用图书馆管理系统，参与互动学习、游戏学习、增强现实环境体验等全新的学习方式。举例来说，上海交通大学图书馆以及天津工业大学图书馆都提供了这些学习方式。另一方面是社交实践的发展带来了新的需求，在这种需求下，图书馆需要提供与人交流、进行合作和社交的场所、设备和技术支持。图书馆应该创造舒适的环境、配备专业工具并聘用专业馆员，以满足学生的社交需求，激发学生的创造力。举例来说，智慧共享空间为摄影摄像爱好者提供了完善的服务，其中包含了功能多样的音频、视频以及图片编辑器和演示软件等工具；学生可以在创客空间利用 3D 打印机等设备进行实践操作，这些设备能够提高他们的动手操作能力。这些图书馆的服务为大学生提供了一个专业的信息平台和交流平台，以便他们进行自主学习、自由交流和创新创业。

2．教师需求的界面设计

大学教师的需求主要由两方面构成。一方面是与教学相关的需求，他们期望图书馆可以对教务、教学和课程进行有效整合，以简化教学和管理工作。通过将图书馆管理系统与教务系统、课程系统整合，教师可以更方便、快捷地获取教学进度、重点难点、教学计划、学生学习情况、考试成绩等信息，并且能够获得教学方法和建议，获取学生的学习薄弱环节等辅助信息。教师可以在图书馆系统中完成一系列工作，如作业与参考书布置、教参信息设置、课程安排等；或者在移动信息服务门户中，教师可以利用在线直播、公开课等方式开展移动教学，从而能够更加高效地开展教学工作。另一方面是与科研相关的需求，针对该需求，新界面可以利用数字化信息技术，从互联网上自动抓取相关的热点话题，对相关资料进行收集和整理。例如，智慧办公区间采用智能优化算法消除噪声干扰，由此获得有用和可靠的数据，建立科研小组的数字档案，以便记录有关成员的基本信息、研究方向、项目进展等，提供相关的文献资料、学术会议交流活动以及科技查新报告等材料。

3. 馆员需求的界面设计

学者大多喜欢研究如何提升馆员核心能力，因为馆员在智慧图书馆中是不可忽视的重要服务对象，也是内部服务的重要参与者。馆员的需求可以分为两种。一种是工作上的需求，馆员需要在日常工作中使用智慧图书馆服务。例如，基于超高频 RFID 技术和物联网技术的智能仓储管理可以感知图书位置，实现图书的追踪，也为馆内智慧导航、图书整理排架、智能书架、安全门禁等功能的实现提供了可能，这种系统可以减轻馆员的工作量，提高工作效率。另一种是源于个人发展的需求。高校智慧图书馆应通过自助应用服务，将高层次人才从简单劳动岗位中解放出来，转移到学科服务等更高层次的知识密集型劳动中，为馆员的个人发展提供相应的平台。

4. 其他需求的界面设计

随着智慧图书馆服务深度和广度的延伸，合作企业也逐渐成为智慧图书馆的服务对象。例如，智慧图书馆在进行 RFID、NFC 等设施设备的更新和升级时，需要向厂家提供以往的馆藏资源数据、读者行为部分数据、图书馆建筑数据等资料，以便厂家提供有针对性的、适应智慧图书馆发展需求的解决方案。此外，还有智能咨询服务，合作企业也可接入智慧图书馆数据库查询馆藏资源、充实企业智库，以解决企业遇到的专业难题，促进企业与智慧图书馆之间的交流互动。

（三）维度三：新服务传递系统

服务传递系统就是生产和传递服务产品的组织。其核心是强调现有的组织机构以及现有员工的能力必须适应新服务的需要，通过组织结构重组和人力资源开发促使创新顺利进行。该维度主要是考虑怎样采用合理有效的组织结构把新的服务产品推销给用户。高校图书馆每年花费大量的资金购买资源、策划服务，但是服务对象往往不知情、不会用，主要原因是图书馆和服务对象之间缺乏有效沟通和交流。服务传递系统是指将服务产品从图书馆传递给服务对象的途径与方法，是实现两者交流的主要载体，其能否正常运行成为判断模型成败的关键。

在高校智慧图书馆服务创新四维度模型中，新服务传递系统由服务推广渠道和服务享受渠道两部分构成。第一，服务推广渠道着重解决服务对象“不知情”的问题，除了采用图书馆馆员宣传、海报宣传、网页公告等传统形式推广新服务，还可将服务游戏化、比赛化，引导服务对象自觉关注研究新服务。第二，服务享受渠道着重解决服务对象“不会用”的问题，分为正向渠道和逆向渠道两种。正向渠道即充分利用人力资源、计算机技术主动将服务推送给服务对象。例如，挖掘在服务系统中存储的服务对象的阅读习惯、好友群、反馈评价等信息，综合运用人工神经网络、推荐算法、情景建模等技术，预测服务对象未来的阅读行为，通过泛在网络向终端推送所需的资料或服务，根据反馈实时调整服务策略和推送内容。逆向渠道指的是服务对象主动向智慧图书馆申请服务，如在门户网站上嵌入公开课模块、为学生提供在线课程服务等。

（四）维度四：技术

技术贯穿了新服务开发的全过程，为高校智慧图书馆、新顾客界面、新服务传递系统（服务渠道）提供支持，可分为三层。第一层是信息与通信技术、大数据技术、云计算技术、深度学习、机器学习等构成服务系统的底层技术，如一卡通的办理、自助借还、电子阅览、读者导读、网上预约、上网，等等。第二层是网站设计、软件开发等面向服务对象的应用层技术，如RFID、图书电磁防盗、自助借还书机等。第三层是数字门户信息管理（包括电子图书、电子期刊、专题库）服务层技术，包括人工神经网络、行为科学、客户关系管理等直接作用于服务对象的技术，如远程访问、参考咨询、资源检索与利用、资源发布、数字管理，等等。在应用支撑技术时，应充分挖掘技术潜力，从而规避自身局限。VR技术和AR技术作为新兴技术，仅用来引导新用户识别图书馆布局显然用途过于单一，应在不同场景中尝试应用这类技术，充分发挥功能优势。此外，在面对百度学术、百度文库等这些“竞争对手”时，VR技术和AR技术也是图书馆独有的重要优势，能够吸引对这方面感兴趣的服务对象。

本节基于服务创新四维度模型，构建高校智慧图书馆服务创新四维度模型：涵盖理念创新和概念创新的新服务概念，满足各对象需求的多功能、多层次的新顾客界面，重视智慧技术推广与服务对象主动申请智慧服务的新服务传递系统，图书馆服务系统涉及的信息、通信、物联网及面向界面设计与开发的新技术等技术四个维度。此研究构建了高校智慧图书馆服务创新理论模型，有利于服务创新理论与高校智慧图书馆理论之间的有机融合，促进了智慧图书馆的发展。由于模型有待时间的验证，读者对创新改善后的服务满意度和忠诚度还缺乏足够的数据支持。因此，对模型应用效果的跟进以及根据用户反馈做出相应的修改将会是下一步研究的重点。

第六章　高校智慧图书馆服务模式创新

本章为高校智慧图书馆服务模式创新，主要从高校智慧图书馆移动服务模式、高校智慧图书馆信息共享空间服务模式、高校智慧图书馆“重点读者”服务模式、高校智慧图书馆嵌入式服务模式、高校智慧图书馆知识服务模式五个方面展开研究。

第一节　高校智慧图书馆移动服务模式

20 世纪 60 年代，著名的媒介理论家麦克卢汉（McLuhan）提出了“地球村”的概念。在几十年后的今天，互联网真正建立了一个虚拟地球村。运用云技术，我们可以不再依赖特定的图式和编码系统就能实现全球化的资源共享，特别是伴随着互联网正式进入移动互联，4G、5G、WLAN 等移动网络的普及，Web3.0、社交网络与智能手机等一系列技术的进步共同掀起了信息资源的移动共享浪潮。SoLoMo 由“Social”（社交的）、“Local”（本地的）、“Mobile”（移动的）三个单词的开头两个字母组合而成，即“社交本地移动”，也就是社交加本地化加移动。它代表着未来互联网发展的趋势。SoLoMo 在高校智慧图书馆移动服务中的应用越来越广泛。

一、移动环境下高校图书馆用户信息需求

当个体遇到问题时，他会产生一种心理状态，即信息需求。信息需求具有具体性和可操作性，它是由请求转化而来的。在产生信息行为之前，人们先产生信息需求，这种需求是信息行为的基础。人们需要足够强烈的信息需求才能产生行动的动机。只有当信息需求达到一定水平，人们才会被驱动采取行动来实现目标。信息服务是针对用户的信息需求，通过开发和整理好的信息产品，便捷、准确地将信息传递给用户。

高校智慧图书馆已逐渐转变其信息服务的中心，从以图书馆系统为中心转移到了以用户为中心。确切地说，高校智慧图书馆的移动服务不仅是指实体空间内的服务，还包括虚拟平台的服务。尽管移动互联网在快速发展，但高校智慧图书馆移动服务的最终目的仍是向用户提供移动信息服务。为了向用户提供个性化的移动服务，高校智慧图书馆需要首先了解用户的信息需求。智慧图书馆的用户主要分为两类，一类是学生，另一类是教师，因此移动服务也应该有针对性地满足这两类用户的需求。

（一）移动环境下高校学生的信息需求

在移动网络背景下，高校学生对时效性信息有很高的需求，如图书馆的通告、借阅信息、实时招聘信息，他们通常通过移动网络获取这些信息。在移动环境中，学生可以更加方便快捷地获取所需信息，同时还能够主动地明确信息需求，并挖掘隐藏的信息需求。学生通过移动互联网技术，更愿意被动地接受信息。学生通过抖音、快手等软件浏览移动平台推送的信息，这个过程将隐藏的信息需求转化为明确的信息需求。

（二）移动环境下高校教师的信息需求

在现今的高校课程中，高校教师开始注重以人为本，摒弃传统的教学模式，不仅讲授课程的理论知识，还更注重将理论知识与实践相结合，以取得更有效的教学效果。相比于高校学生被动接受信息的心态，高校教师在传授知识的过程中更倾向于积极主动地搜寻信息，其想要主动获取的信息主要包括学科理论知识信息、教学实践技能信息和时事热点信息等。

随着移动网络的普及和推广，高校教师越来越需要实时的信息资源。高校教师工作内容复杂繁琐，因此教师希望能够方便快捷地随时获取学科专业的最新信息以及科研成果的最新动态。

简单来说，高校智慧图书馆的移动服务可以完全实现用户不受时间和空间限制获取多元化信息的愿望，用户可以自由享受移动互联网带来的阅读体验。

二、高校图书馆移动服务模式的嬗变

进入 21 世纪，在国内外图书馆界研究领域中，移动服务已成为一个新的研究方向。我国第一所采用图书馆移动服务模式的高校是北京理工大学。

国内高校图书馆的移动服务方式和内容在不断改进，这种改进是随着网络技术，尤其是移动网络的进步而实现的。微信这一软件在2011年推出后，迅速受到中国智能手机用户群体的青睐，并成为时下主流通信及社交工具，其具有迅捷、新颖的特点，因此也成为高校智慧图书馆移动服务的模式之一。随着网络通信技术的发展，高校图书馆的移动服务模式也在不断发生变化和更新。

（一）高校图书馆短信服务模式

短信服务模式是高校图书馆最早采用的一种移动服务模式。短信服务模式在网络接入环境方面不苛刻，对于移动终端的软硬件配置要求不高，而且成本相对较低，因此成为高校图书馆应用最为广泛的服务模式。然而，由于使用要求不高，短信服务只能传递有限的信息量，无法处理数据量大的工作。目前我国高校图书馆的短信服务包括以下几个方面：图书的预约和续借、个人信息的查询、图书馆OPAC的查询以及接收图书馆发布的各类信息等。

（二）高校图书馆WAP网络服务模式

WAP是一种供全球使用的开放协议，也叫无线应用协议。WAP是移动互联网的通用规范，其将HTML的信息转换为WML描述的信息并在手机等移动设备上显示，因此高校图书馆的移动信息服务主流模式是WAP网络服务模式。利用5G的优势，高校图书馆可以更好地展示其收藏资源和服务，并将WAP网站改进为易于访问且更加友好的设计。例如，利用WAP平台，图书馆可以发布公告、新闻和书刊推荐等信息，用户可以进行在线资源搜索和获得移动阅读等信息服务。

（三）高校图书馆客户端App服务模式

可在移动终端上运行的软件被称为客户端应用软件，通常也被称为客户端App。随着5G网络推广全面展开、Web3.0技术发展势头迅猛，智能手机等移动终端得到普及，客户端App成为移动互联网领域最受关注的内容。客户端App操作方便、内容丰富、功能强大，可实现WAP方式不支持的功能。在客户端App中，用户不必输入烦琐的网址，就可以更加便捷地查询需要的信息。因此，客户端App服务模式在高校图书馆移动信息服务方面是目前最先进的模式。高校图书馆客户端App的广泛发展得益于5G等高速移动网络的推动。这使得该类App在内容类型、功能等方面不断扩展，呈现出更加丰富多样的特点。然而，可以发现目前国内高校图书馆的移动端应用服务还处于起步阶段，所提供的服务内容相对有限，且提供此类客户端应用的高校图书馆也并不多见。

（四）高校图书馆微信公众平台服务模式

尽管客户端 App 有很多优点，但是它们需要投入大量的资源，这让很多预算有限的高校图书馆无法实现。然而，高校图书馆现在可以利用微信公众平台来提供移动信息服务。

微信是一个手机通信软件，它并非由图书馆自主研发的，而是由腾讯公司开发的一种免费手机通信软件，该软件自 2011 年发布以来，享有极高的用户人气。微信公众平台是微信软件的一个附加功能，为用户提供了一个开放的平台，任何个人或企业都可以创建自己的微信公众号，发布文字、图片、语音、视频等内容。高校的图书馆可以利用微信公众平台上的 API 接口技术进行二次开发，以满足用户的需求，为用户提供更丰富、更全面的移动信息服务。例如，清华大学图书馆的微信公众号每隔一段时间就会发布“清图微报”，用户可以通过简单的指令式互动查询图书馆的馆藏、讲座、个人借阅信息以及图书馆自习座位实况等信息。

高校图书馆可以利用微信公众平台实现与用户的实时交流和沟通，针对不同的需求推送信息，如为大学生提供通知、公告、培训信息，提供借阅信息提醒，展示自习座位状态等。高校图书馆可以通过建立微信公众平台，为教师群体提供实时的学术信息和科研信息，以提高教师的综合素养和教学水平。微信公众平台目前提供的移动信息服务内容主要涵盖了查询、续借及推荐图书馆馆藏，通知读者讲座、培训和活动信息，提供定位服务以及实时咨询和反馈等。

简单来说，微信公众平台服务模式帮助高校图书馆扩展了移动信息服务范围，解决了资金和技术限制问题，使高校图书馆提供移动信息服务更加容易。随着 5G 技术的普及，该模式能够更快、更高效地传输大量文字和视频内容。因此，高校图书馆可以利用微信平台向用户推送更多的信息，提供更多元的移动视频服务。

（五）高校图书馆移动信息服务云平台模式

随着移动网络的迅速普及，用户对于信息资源的内容和个性化服务的需求不断提高，因此，高校图书馆必须注重资源建设，这是高校图书馆移动信息服务的根本问题。考虑到单一馆藏资源不足以及避免资源重复浪费的问题，构建一个高效、统一、安全、可靠的用户云平台变得尤为重要。

因此，可以构建一个虚拟的“地球村”，让各个高校图书馆之间实现资源共享，一起使用移动数字云资源库。高校图书馆提供了基于云技术的服务，可以随时满足用户的需求，让用户可以随时随地利用移动设备使用图书馆的资源。现在，CALIS 系统正在为我国高等教育提供文献保障；E 读平台已经初步实现了上述功能。

此外，美国国家标准与技术研究院（NIST）从用户体验云服务的角度划分出了三种服务模式，分别为基础设施即服务（IaaS）、平台即服务（PaaS）以及软件即服务（SaaS）。高校图书馆可以依据本馆的用户类型、用户规模与用户需求重点突出某一种云服务模式或将几种云服务模式相融合构建本馆个性化的云服务模式平台。简言之，虽然我国高校图书馆在移动服务方面有所尝试并取得了一定成果，但实际上能够提供移动服务的高校图书馆还不够多，并且覆盖范围也需要进一步扩大。目前，国内大学的图书馆移动服务主要采用短信服务，而国外则倾向于使用 WAP 网站。我国的高校图书馆需要根据本馆的现实情况，探索与提供更适合不同用户信息需求的服务模式与创新服务项目。

三、高校图书馆移动服务创新

（一）移动借阅服务

随着智能手机的普及，如今人们的阅读方式也悄然发生了变化，方便、快捷的手机阅读已成为高校学生首选的阅读方式。碎片化的手机阅读是移动阅读中非常重要的一部分，已经超越了传统的纸质阅读和电脑阅读，对整个阅读市场产生了巨大的影响。随着移动网络和智能手机的广泛应用，移动阅读越来越受欢迎；特别是高校图书馆的用户，是移动阅读的重点受众。因此，高校图书馆应充分利用自身丰富的阅读资源，建立本馆特色资源保障体系，如学位论文、会议论文和专利文献等，并积极推进移动借阅服务，以更好地满足用户的移动阅读需求。

（二）视频教育服务

视频教育已经有很长的历史了，只不过在过去由于技术和设备的限制，用户只能通过电视或者电脑来接受视频教育。随着 5G 网络的普及和家庭、公共场所无线网络的普及，网速不再是用户通过移动终端观看视频的限制；随着智能移动设备性能的不断升级，移动视频播放得到了更好的支持；通过对移动视频客户端的升级优化，用户可以享受到更优质的视觉体验。目前，视频教育已经转移到移动终端，并且借助 5G 网络提供更清晰、更多样化、更及时的高校教育视频，可以实现即时发布。

相比国内商业网站提供的教育视频，高校图书馆拥有更多的视频教育资源和内容，因此在这方面具有绝对的优势。高校图书馆的视频教育可以分为三种类型：第一类是高校学科专业课的教学视频；第二类是由高校图书馆为其用户提供的培训视频；第三类是针对高校图书馆的数据可视化信息服务。高校图书馆可以利用 5G 等移动互联网技术，为用户提供丰富的视频教育资源，建设专属的移动视频教育服务平台，全面提高馆内的移动信息服务水平。

（三）移动社交网络服务

移动社交网络实际上是为志趣相投的人群专门设立的在线社区，在移动互联网应用中，它已成为最为流行的服务之一，在高校图书馆用户中也是最主要的社交平台之一。随着数字出版的普及，科学研究成果的发布已经不再局限于传统的期刊发表，越来越多的学术成果开始通过开放获取平台和社交网络进行快速传播。显然，社交网络有助于实现大学生之间的有效交流，尤其是对高校教师来说，更利于学术交流。为了满足用户获取各种门户服务需求，高校图书馆的移动服务需要将社交网络、定位服务和移动技术结合起来。将应用集成到自己的服务中，如添加受欢迎的社交媒体入口，允许用户使用微博、微信等社交媒体服务。

第二节　高校智慧图书馆信息共享空间服务模式

随着科技的不断进步，人们的学习和信息获取方式也随之发生了改变。现在的学习环境更加注重团队协作和资源共享。在这个特定的背景下，智慧图书馆倡导以用户为中心的信息服务模式，即以满足用户信息需求为目标，针对用户的信息需求开展服务的工作模式。

在 20 世纪 90 年代初，为了满足大学生的研究和学习需求，美国高校图书馆领域推出了一种新型的服务模式，被称为信息共享空间。最开始信息共享空间只是一个计算机学习室，学生在这个地方可以专心进行论文写作和程序编写，随着时间的推移，信息共享空间发生了翻天覆地的变化，已经成为一个为用户提供一站式信息服务的地方。在美国高校图书馆中，它已经成为备受欢迎的主流服务模式。这为我国高校建设智慧图书馆的信息共享空间提供了理论和实践上的参考。

一、信息共享空间的模式、原则和目标

（一）信息共享空间的模式

虽然许多美国高校图书馆已经采用信息共享空间作为主要服务模式，但是研究人员和专家对于这种模式有不同的看法。其中，最具代表性的观点是两层次模式观点和三层次模式观点。

1. 两层次模式观点

唐纳德·比格尔（Donald Beagle）是北卡罗来纳大学的学者，他提倡两层次模式，并于 20 世纪 90 年代后期提出“Information Commons”概念。他认为信息共享空间是以数字化信息资源环境为背景、为信息供需双方特别设计的一个协同工作空间，它可以使用户与馆员、用户与用户之间进行显性知识和隐性知识的交流，可以通过对组织、技术、资源和服务进行有效整合，实现用户的信息交流。他将信息共享空间划分为虚拟空间和物理空间。

虚拟空间主要是指数字资源的网络环境，它使用户通过友好的图形用户界面，利用搜索引擎从各个工作站点获取数字信息服务。信息的内容不仅包括本馆的馆藏书目信息，还包括各种数字信息资源。

物理空间通过对图书馆提供的各种服务进行组织，为虚拟的数字资源环境提供物理空间上的支持。

2. 三层次模式观点

贝利（Bailey）和蒂梅（Tiemey）认为信息共享空间由宏观、微观和综合三个层次构成。宏观信息共享空间是指对全世界的信息，特别是网络信息资源建立起来的共享空间，这是一种广义的概念。微观信息共享空间是指一个拥有计算机或数字技术，并且各种外围设备、软件支持和网络基础设施高度集中的场所。综合信息共享空间能够集成各种数字信息资源，为研究、教学和学习提供相应的信息空间。

此外，吉姆·邓肯（Jim Duncan）和拉里·伍兹（Larry Woods）也提出了三层次的概念，将信息共享空间分为物理层、逻辑层和内容层三个层次，并分析了不同层次存在的应用壁垒。例如，对上网计算机的管理、为各种软件设置许可协议和序列号以及对数据库的访问采用 IP 地址限制等均妨碍了信息的自由流动和共享。

尽管学者和专家提出的模式不尽相同，但基本的思想是一致的，即信息共享空间是为用户提供一站式服务和协作学习环境的场所，它整合了图书馆中各种软

硬件资源和数字信息资源，为用户提供了一个可以进行信息检索，以及交流、学习、协作的空间。

（二）信息共享空间的基本原则

根据国外信息共享空间的研究，可以发现信息共享空间的基本原则主要包括以下三个方面。

1. 需求动态性

随着用户信息意识的增强，用户的需求呈现动态多元化发展趋势。首先，获取信息的途径多元化，用户除自己查找、借阅书籍外，更多的是依赖馆内的主动传递。其次，由于学科的交叉渗透及边缘学科的兴起，用户信息需求内容更加多元化、服务更加知识化。这就要求信息共享空间能够及时对用户的信息需求做出反应，采用先进的信息服务技术来满足用户的动态需求。

2. 服务集成性

信息共享空间是图书馆中研究、教学、学习和消遣的场所，应该为用户提供集参考咨询、多媒体服务、研究型服务和技术服务于一体的集成服务。用户通过集成服务机制“一站式”地获取所需信息，并以最小的代价在最短的时间内获得所需信息。

3. 知识共享性

信息共享空间能够满足用户的个性化信息需求，为用户提供能够协作和自由交换信息的共享平台，这在传统图书馆服务中是不存在的。在这样一个协同工作的空间中，用户可以通过直接与用户、工作人员、技术专家进行交流获取信息，也可以利用信息共享空间中配备的各种信息设备获取网络信息资源。它是用户获取知识、共享知识以及进行知识创新的重要场所。

（三）信息共享空间的目标

无论信息共享空间采取哪一种模式，它在高校智慧图书馆中的应用要实现的目标都有以下几个。第一，提供一站式、个性化服务，以满足用户的信息需求，并且允许用户自由选择并获取硬件设备、软件资源以及网络信息资源，充分利用图书馆资源。第二，用户可以从图书馆馆员、计算机专家以及多媒体工作者那里获得各种帮助和咨询服务，在信息共享空间工作人员的指导下进行学习和研究，充分体现了图书馆“以用户为中心”的服务思想。第三，强调集中式学习研究，为用户提供一个良好的学习、研究和交流的空间。第四，培养用户检索、评价和使用信息的能力，从而提高用户的信息素养。第五，作为协助用户学习和进行知识管理的工具，信息共享空间可以提高用户进行知识创造的能力。

二、面向集成服务的信息共享空间的构建

（一）信息共享空间的战略规划

信息共享空间提供的信息服务模式应该是各部门之间以整体优化的方式来提供的服务功能。因此，在战略规划上要强调各部门之间在功能上的协作，减少组织管理层次，使组织机构体系逐步呈扁平的网状管理结构，以促进部门之间的沟通和协作，使高校智慧图书馆的管理工作更加高效。

信息共享空间的信息服务充分考虑了用户的需求特点，以分布式多样化数字信息资源的整合为出发点，充分体现了高校智慧图书馆的服务特征。

（二）信息共享空间的构建要素

1. 物理空间

信息共享空间首要的目的就是向用户提供一个舒适的学习、交流的物理空间。构建的空间可以是多媒体的电子教室、供小组交流的讨论室、提高研究水平的咨询区、进行独立创作的单独研究室等。由于每个人都有自己的学习方式和习惯，因此在构建物理空间时，要充分考虑到每个用户的需求。

2. 资源

信息共享空间是集信息资源、各种软硬件设施于一体的综合性服务模式。除提供传统的馆藏资源（如印刷型图书、资料和工具书）外，信息共享空间必须具备丰富的电子资源（如电子期刊、电子图书）、专业数据库、多媒体文件以及网络资源等信息资源。

在硬件方面，信息共享空间不仅要拥有计算机、通信设备（有线连接和无线连接），还要提供复印机、打印机、扫描仪、摄像机、投影仪等外围设备；硬件设施还包括在物理空间中配置的各种舒适的桌椅、沙发等家具设施和宽敞的休息室。在软件方面，信息共享空间既要具备获取电子资源的软件，又要提供各种办公软件和多媒体播放软件。

3. 服务

在数字化环境下，要求信息共享空间提供的服务是集传统的图书馆服务与数字信息服务于一体的集成服务。信息共享空间通过对信息技术、信息资源、服务

功能、服务人员、服务机构等各种信息服务要素进行整合，实现整体功能的优化，使用户得到动态的、全方位的、多层次的、多元化的信息服务。用户只需要在信息服务平台就能够获取一站式的信息服务。

4. 人员

人员要素是实现信息共享空的重要支撑，是信息共享空间建设的关键要素。

信息共享空间的人员主要包括以下几种：参考咨询馆员，他们负责解答有关资源使用的咨询问题；信息技术专家，其职责是为计算机软硬件和网络技术提供支持；多媒体工作人员，他们负责开发多媒体教学软件，指导教师和学生进行多媒体制作，促进教学效果的提高；指导教师，他们在教学过程充分利用大量资源，为学生提供一对一指导。

信息共享空间服务模式需要工作人员具备相关技术和技能，同时还需要其具备强烈的学习、领悟和实践的能力。他们必须跟上信息技术和用户需求的发展步伐，不断更新自己的知识体系，以提高服务水平。因此，图书馆需要定期培训工作人员，以提高他们的综合素养。

（三）信息共享空间的效果评价

图书馆在建立信息共享空间之后，必须对其效果进行评价，并建立以用户为中心的服务质量评价体系，以确保信息共享空间的顺利运行。内容评价应考虑到信息共享空间的四个要素：物理空间、资源、服务和人员。

为了更准确地了解用户对服务质量的感受和需求，可以采取发放反馈表格或进行在线调查等方式，以便进行深入的分析和评估。根据评估结果，可以及时发现服务中存在的问题，并不断改进设施和工作方法，以提高服务质量，从而更好地满足用户的需求。

三、我国高校智慧图书馆构建信息共享空间

信息共享空间在高校顺利推行的原因主要有两点。一是虽然现在的学生都有手机，但他们还是更愿意在教室和图书馆学习，宿舍对于他们来说不是学习的最佳地点。二是他们更乐意与咨询馆员亲自交谈以获取所需信息，而不是通过其他途径查找。两点都强调了信息共享空间是为了满足用户需求而产生的，并彰显了其在高校智慧图书馆中的重要性。

（一）高校智慧图书馆构建信息共享空间的条件

高校图书馆在发展过程中，总体可以分为三个不同的阶段，分别是“以资源为中心”“以馆员为中心”和“以用户为中心”。每个阶段都致力于为广大用户提供更好的信息服务，进而满足用户需求。高校图书馆不断发展和进步，为构建信息共享空间奠定了基础。

首先，高校智慧图书馆加强了资源建设，包括馆藏资源和网络资源。尤其是建设网络信息资源，为广大师生群体提供了更优质的服务和海量的资源，如期刊数据库、电子书籍等。高校智慧图书馆与传统图书馆相比，突破了时间和空间的限制，实现了全面的信息资源共享，推动了信息服务的网络化，更好地满足了师生对信息资源的需求。

其次，加强高校智慧图书馆馆员素质的培养，为了让其能够满足学校的教学、科研和社会对于信息的需求，鼓励馆员利用自身的知识、技术及能力，为用户提供信息服务。因此，高校智慧图书馆针对馆员的培养制度提出了“信息导航员”“学科馆员”“知识型馆员”等相关概念。近年来，众多著名高校图书馆开始尝试实施“学科馆员”制度，这种制度以特定师生文献需求为中心，目前已在北京大学图书馆、清华大学图书馆、武汉大学图书馆、西安交通大学图书馆等高校图书馆得到试行，广受师生欢迎，并取得了良好的效果。

高校智慧图书馆已经认识到，在为用户提供服务方面，它的信息服务应该以用户需求为中心，以满足不同用户的需求为目标，及时提供个性化的、对个人有价值的信息，以体现出个性化的服务模式。

（二）高校智慧图书馆构建信息共享空间的问题

我国高校的智慧图书馆已经取得了一些进展，其中包括建设信息共享空间所需要的软硬件条件。然而，这些图书馆在理念和管理方面面临一些挑战。

在理念方面，图书馆没有充分认识到自身发展在高校全面发展中的战略地位。国外的实践证明，高校智慧图书馆的作用远不止于提供信息检索服务，还应为学校的教学和科研创新活动提供服务。高校智慧图书馆需要主动融入全校师生的教学和科研活动，以满足高校的发展需要和图书馆自身的发展需求，为其提供能够进行知识创新的信息共享空间。

在管理方面，目前高校智慧图书馆还未采用新型的管理体制，仍在沿用传统的模式。在市场经济环境中，智慧图书馆应该引入竞争机制，按照科学方法设置机构权限，明确行政与业务之间的关系，让行政管理为业务发展服务，以激励各部门发展。

（三）高校智慧图书馆构建信息共享空间的策略

我国高校智慧图书馆构建信息共享空间的策略包括以下几方面。

1. 融入信息共享空间的理念

信息共享空间为独立学习、团队讨论和集体研究提供信息和场所，通过激发用户的灵感达到知识创造的目的。在图书馆的建设与管理过程中，融入信息共享空间的理念，为广大用户提供信息共享空间已成为图书馆发展的潮流。

2. 制定信息共享空间的规划

规划图书馆信息共享空间时，应重视其指导意义。与国外相比，我国高校智慧图书馆构建信息共享空间刚刚开始，在理论指导方面还有一些不足之处，因此需要在结合自身软硬件资源的基础上，根据图书馆的实际情况和用户使用图书馆的特点，依据国外的建设经验，制定并规划出满足用户需求的信息共享空间。

3. 构建合理的信息共享空间服务体系

在构建信息共享空间服务体系时，需要综合考虑以下四个方面：一是物理空间的合理分配；二是资源的合理分配；三是服务的合理构建；四是人员的合理安排。图书馆要根据用户的规模设置相应的物理空间，针对用户的不同需求提供多种服务，从而有效地实现虚拟空间和物理空间的完美结合。

随着学习环境和技术条件的变化，用户对高校智慧图书馆的要求提升，为了跟上时代的步伐，高校智慧图书馆只有积极创新服务模式，才能更好地满足用户的需求。信息共享空间是一种新型的高校智慧图书馆服务模式，旨在向用户提供更好的信息服务。这种模式的出现为高校智慧图书馆的创新与发展创造了有利条件。在实际操作中，各个图书馆可以根据自身的数字资源、硬件设施、服务理念及管理制度等情况，灵活地进行资源集成和信息分享，全方位地满足用户的需求，促进信息共享空间的发展。

第三节　高校智慧图书馆“重点读者”服务模式

个性化服务是指图书馆利用数字信息技术分析用户在阅读、检索、查询等方面的兴趣、习惯、背景和需求，有针对性地为用户提供量身定制的信息服务，涵盖内容、形式和时间空间等多个方面。

“重点读者”是指高校智慧图书馆根据学校总体发展要求，依据高校教学、科研和生产的三大基本功能界定的读者，即这三方面的学科带头人、拔尖人才和专家学者。个性化服务“重点读者”就是及时跟踪和分析其对文献的内容和范围、数量和质量的需求，利用丰富的信息资源优势，通过多种途径收集信息，并对这些信息进行判断分析和加工整理，然后及时传递给“重点读者”，建立以“重点读者”为对象的集文献信息咨询、检索、供应等多种服务形式于一体的文献信息主动服务模式。在服务工作中，从确定读者的主体地位着手，变静态为动态、变单向被动服务为双向交流主动参与服务，这是服务模式的一种创新。

一、高校智慧图书馆个性化服务“重点读者”的起因

高校智慧图书馆为了提升服务水平和学术价值，不仅需要为一般读者提供信息服务，还需注重个性化服务，着眼于“重点读者”的需求。例如，临沂大学图书馆选用“重点学科、重点专业、重点实验室、重点课题、重点课程”作为其服务的重点对象，旨在向这些领域的教学、科研和生产提供更好的支持和服务。这样做有三个原因：一是“重点读者”需要的文献信息涉及领域广泛、内容难度高，超出了普通读者的需求范围，需要专门的资讯服务和定制化的文献服务来满足其需求；二是“重点读者”是学校中的专业标兵和业务骨干，他们在学术方面发挥领导作用，在教学和科研方面具有较大社会影响力，可以促进学校的迅速发展和提升学校的知名度；三是通过提供对口的信息检索、获取、分析、归纳等服务，为“重点读者”提供一站式的解决方案，帮助他们更快地找到需要的信息，从而提高教学、科研和生产效率，促进他们更快、更多、更好地取得成果。

二、高校智慧图书馆个性化服务“重点读者”的做法

（一）选定对象

根据高校智慧图书馆的实际情况，我们明确了重点读者的标准：一是学校重点专业、课程、实验室的建设者；二是取得省部级科研成果并继续承担省部级以上重要科研课题的人员；三是具有博士学位或取得硕士以上导师资格的人员；四是在各自专业领域中具有卓越成就的中青年专家和杰出人才。高校智慧图书馆主动到教务处、科研处、人事处调查了解重点学科及精品课程授课人、重点课题主

持人、硕士以上导师等的有关情况后，向他们发放“重点读者”服务表，在征得本人同意并填表后，他们就成为“重点读者”。高校智慧图书馆为其建立档案数据库，每人发放一张电子服务卡，对“重点读者”学科、专业、课题名称、研究方向、文献资料的需求情况，以及姓名、职称、单位、住址、联系电话、E-mail等进行登记，以方便进行服务。图书馆还随时挑选新的符合条件的读者，及时将那些年轻有为的读者纳入，同时剔除落伍者，实行“重点读者”动态管理。

（二）定向服务

首先，向建档的“重点读者”发放“绿色”借阅证，凡持有“绿色”借阅证者，高校智慧图书馆所有服务部门都要为其开“绿灯”，允许他们自由出入馆内所有主书库、辅书库和阅览室等，可借阅所有纸质型文献和电子型文献，借书册数由原来每人 10 册增加到每人 30 册，借书期限由原来的 3 个月延长到 6 个月，并可根据需要继续顺延。其次，采编部门可依据自身工作规律对“重点读者”采取特殊的“时间差”服务，即编目人员根据自己的工作情况在分编与入库的“时间差”期间，向“重点读者”推荐和提供短期借阅新书。最后，馆员与“重点读者”保持密切联系，随时掌握和了解他们在学科建设、课题立项和专业研究方面的进展情况，特别是阶段性的文献需求，可以根据实际需要，有选择、准确、及时地为他们提供定向服务，使有效信息不失时机地做到广、快、精、准、新，促使“重点读者”顺利、保质保量地完成所承担的教学、科研和生产任务。

（三）信息资源的共建共享

充分挖掘已有馆藏资源，根据“重点读者”的需求不断补充、强化和完善相关的文献资料。“重点读者”通常身处教学、科研和生产的前沿，积极参加各种学术性会议，了解最新的专业和学科发展趋势。他们需要的资料范围广泛，不仅要求内容专业深入，还需要包括各种形式。因此，图书馆在采购文献时，需要与“重点读者”密切合作，及时获取他们的建议和推荐，以确保所采购的书刊能够满足读者的需求，并且可以提高采购的质量。另外，还可以让“重点读者”为图书馆提供文献目录，然后给他们一些资金用于购买所需文献，使用完后将其加入馆藏。在文献经费上向“重点读者”倾斜，保证文献采购做到齐全。优先购买最新的专业前沿论文和文章，同时也要注意采购不同载体类型的文献信息，不局限于纸质文献，还要引进电子期刊和学位论文数据库等多种数字化载体，为“重点读者”提供更加丰富和全面的信息资源。

三、高校智慧图书馆个性化服务“重点读者”的途径

（一）中介服务

中介服务是指图书馆以中介人身份为用户提供信息资源的借阅、交换、购买、传递等服务。在高校智慧图书馆中，中介服务是帮助“重点读者”获取所需信息资源的重要途径之一。随着信息资源网络化的发展，馆际互借成为一种常见的中介服务方式，它可以极大地拓宽“重点读者”的信息获取渠道，实现资源共享和互惠互利。当高校图书馆不能完全满足“重点读者”对文献信息的需求时，他们可以向北京大学、清华大学等馆际互借服务中心发出请求，告知需要的书刊、文献的名称、作者以及关键词等信息，并通过邮寄或电子邮件获取所需资料。

（二）推送服务

推送服务是指用电子邮件等方式主动将所需的文献信息推送给“重点读者”。例如，及时推送新到馆的中、外文献信息，定期提供专业核心期刊目录，定期提供反映国内外学科最新动态的专题书目资料。图书馆提供期刊目次和期刊全文传递服务，让每个“重点读者”圈定最需要的 6 种专业期刊，新刊一到馆，就将目次发送至其电子邮箱内，若需要原文，可通过电话或 E-mail 提出请求，工作人员马上将期刊原文通过 E-mail 传递或复印纸质版递送。图书馆充分利用已有的数字资源进行定向的信息推送服务，如利用中国期刊全文数据库、史蒂芬斯数据库、万方数据库等，针对“重点读者”的文献信息需求，从这些数据库中获得有关的原文数据，通过 E-mail 推送或打印发送给“重点读者”。

（三）代理服务

一方面，时间对于“重点读者”来说十分宝贵；另一方面，虽然他们都有自己擅长的领域，但是相比于图书馆专业人士，他们在信息检索方面通常不那么熟练。随着网络时代的到来，信息变得极为丰富且混杂，因此那些希望能够快速获得高价值信息的人需要图书馆专业人员的帮助来代理检索。例如，多年来，临沂大学图书馆充分利用资源优势、网络优势和检索技能，在世界四大重要检索系统（SCI、EI、ISTP、ISR）上围绕“重点读者”需求开展专题服务、定题服务、回溯检索、课题查新以及专利查新等检索服务 1000 余次，发送资料 600 余份。

（四）专线服务

高校智慧图书馆可以为“重点读者”建立“服务专线 110 电话”和“服务专

用 E-mail 信箱”。由于高校的校园虚拟电话和校园网络均为免费使用，这就为“重点读者”服务创造了便捷条件，实现了供需双方远程的直接交流服务。一方面，高校智慧图书馆可以通过电话或 E-mail 直接向“重点读者”介绍与其学科建设、业务教学、课题研究相关的馆藏文献，特别是新到馆未分编的图书，可以优先供其借阅、与他们约定送书上门的时间等；另一方面，如“重点读者”有信息需求，可以随时通过拨打“服务专线 110 电话”或通过“服务专用 E-mail 信箱”传递给图书馆，图书馆将在最短的时间内，利用馆藏和网络资源为“重点读者”查找，查找结果通过 E-mail 推送或派人亲自送到其家中。

（五）定制服务

在定制服务方面，为了更好地服务“重点读者”，数据挖掘显得更为重要。数据挖掘也可以叫做知识发现，即在大量的内部数据库中，通过数据挖掘帮助读者获取自己所需的潜在知识，目的是帮助信息用户寻找数据间潜在的关系、发现被忽略的要素，而这些信息对预测趋势和决策行为是十分有利的。数据挖掘不仅能对过去的数据进行查询，还能够对将来的趋势和行为进行预测，并自动探测以前未发现的模式，从而更好地支持“重点读者”的决策。知道用户的需求是开展个性化服务“重点读者”的基本条件，而提供给用户高质量（内容上相关、知识含量高）的信息则是个性化信息服务的目的。数据挖掘对个性化信息服务的支持正体现在对用户需求信息和网络源信息的深层分析上。

第四节　高校智慧图书馆嵌入式服务模式

嵌入式服务指的是将高校智慧图书馆和用户的信息环境进行有效融合，以用户需求为核心，利用图书馆在信息获取、管理和分析等方面的优势，将信息服务扩展到用户学习、教学和科研等过程中，提供更加贴合用户实际需求的信息服务。这是图书馆传统服务模式改变的一个重要体现。在嵌入式服务下，图书馆的用户已经可以做到与图书馆的无间隙沟通、实时交流，他们可以随时随地轻松地获取所需信息，避免了到实体图书馆或上网查找信息的麻烦。这种服务模式改变了传统图书馆服务模式，将图书馆的服务模式从单向服务转变为双向服务，使得图书馆的服务中心转移至用户需求，从被动地等待服务变为主动地提供服务，这一改变不仅树立了图书馆的服务品牌形象，而且提高了图书馆服务质量。

目前，嵌入式服务在国外图书馆已经实施得相对成熟，而我国的图书馆在这方面还处于初步探索和研究的阶段，因此应努力推进嵌入式服务的本土化。随着先进技术的不断发展，高校智慧图书馆开始实施并发展“以用户需求为中心”的嵌入式服务模式。如何有效地将嵌入式服务模式引入智慧图书馆服务构建工作中，是许多高校智慧图书馆所面临的挑战，同时也是一个推动图书馆服务实现全新发展的机会。

一、高校智慧图书馆开展嵌入式服务的必要性

（一）高校学科建设的需要

国家重点学科必须具备的基本条件包括教学条件、科研条件居国内同类学科先进水平，具有较强支撑相关学科的能力，具有良好的现代化信息保障体系。由此可以体现高校智慧图书馆丰富的馆藏资源及开展嵌入式学科服务对高校学科建设的重要性和不可或缺性。

（二）数字信息化时代的需要

现今，无论是有线网络还是无线网络都发挥着越来越重要的作用，人们的生活、工作、学习已经离不开网络。人们可以随时随地利用网络获取和使用所需的信息，因此也催生出一种泛在的生活方式。在网络时代中，主要的信息资源来源于数字化信息，用户可以通过更加便利的方式获得更加丰富的信息资源，这导致用户对于图书馆的使用逐渐减少，图书馆的角色与地位正在逐渐走向边缘化。尽管其在文献信息领域扮演着非常重要的角色，但由于用户群体的日益减少，图书馆的地位也受到严重的威胁。因此，图书馆应积极推行嵌入式学科服务，与用户建立密切沟通并展开合作，提高服务理念和水平，保留现有用户，吸引更多新用户。

（三）转变服务理念的需要

嵌入式学科服务是针对数字化信息时代的发展而推出的一种服务模式，它以“以人为本”的服务理念为基础，以用户需求为中心，具有新的特点和优势。高校智慧图书馆应该优化学科馆员服务，并建立适应用户需求的学科化服务机制。目前，高校智慧图书馆面临一些问题，如久未更新的服务理念、狭小的场馆面积、陈旧的设备和设施、专业人才数量极少、学校拨款不足等，这些问题导致图书馆无法满足读者集成化、专业化的信息需求。高校智慧图书馆应及时作出改变，以满足用户不同的信息需求，为用户提供更个性化、学科化和知识化的服务。

（四）创新服务方式的需要

当前的信息环境在计算机技术和网络技术的影响下发生了翻天覆地的变化。各类搜索引擎和检索工具发展得越来越成熟，使获取信息变得更快捷、方便，读者不再愿意到图书馆查阅资料和学习，而更倾向于使用搜索引擎获取学习资料。因此对图书馆的服务方式提出了创新和改进的要求，只有实行嵌入式学科服务这一服务模式，图书馆才能在激烈的竞争中获得更好的竞争优势和发展机遇。

二、高校智慧图书馆嵌入式服务的主要方式

目前，高校智慧图书馆提供了四种主要的嵌入式服务方式，包括手机短信服务、社区网站服务、e 划通服务以及其他桌面工具服务。

（一）手机短信服务

智能手机短信通信方式是一种新兴的信息服务，其以智能手机为载体，提供信息传递服务。注册图书馆 WAP 网站后，通过安装相关软件，用户可定制自己的频道并进行有目的的阅读。许多大学，如清华大学和合肥工业大学，已经创建智慧图书馆，并提供手机短信服务来方便用户借阅图书。

（二）社区网站服务

社区网站服务就是高校智慧图书馆通过 E-mail、QQ 等各种在线交流工具，将信息服务工作拓展到用户的 BBS、Blog 等虚拟社区。高校智慧图书馆利用信息共享软件、多媒体资源、知识导航、在线培训课程、知识库等构建丰富的知识体系，创设良好的学习情境，为社区用户自主学习和协作研究提供信息资源。目前，国内已有较多图书馆使用这一服务模式。

（三）e 划通服务

e 划通是一种方便的“桌面信息工具”，让用户在工作时无须离开当前页面即可快速查找相关信息。用户只需划选词句，e 划通就会自动搜索图书馆资源或通过网络搜索引擎提供相关信息。中国科学技术大学图书馆现已开通 e 划通服务。

（四）其他桌面工具服务

使用桌面工具可以方便用户将图书馆应用整合到自己的软件系统中，如将图书馆的搜索引擎添加到个人主页或博客中，或者在浏览器中安装专业的插件和应用（书签、工具条等），以支持查找和使用图书馆资源。

三、高校智慧图书馆嵌入式服务模式的构建

为了满足高校用户的个性化需求，高校智慧图书馆将高校用户分为三种类型，并对其需求进行了深入研究，从而构建出适合高校智慧图书馆的嵌入式服务模式。高校智慧图书馆将手机短信服务、社区网站服务、e划通服务和其他桌面工具服务有机地结合在一起，应用到嵌入式服务模式中。

（一）学习型用户需求的服务策略

面向学习型用户需求，高校智慧图书馆可以采取嵌入式信息素养教育服务和嵌入式个人自主学习服务这两种服务策略。

1. 嵌入式信息素养教育服务

高校智慧图书馆可以分别为不同年级的学生开展关于图书馆资源利用的讲座，使用户获得关于图书馆资源的知识，了解查询、借阅图书等信息资源的流程、手续，着重培养用户对中文电子资源的利用能力。馆员需要与授课教师合作，将信息素养教育融入日常教学，为学习型用户定制不同的信息素养专题讲座。针对学习型用户的需求，高校智慧图书馆可以开展专门的信息素养讲座，以满足其需求，提高其资源检索能力；将更多行之有效的检索方法传授给学习型用户，帮助他们掌握更多的技能和知识，以促进学习型用户的信息查询、资源获取以及知识应用能力的提升。

2 嵌入式个人自主学习服务

高校智慧图书馆可以通过 Web3.0 构造学习互动社区，在学习型用户的学习环境中嵌入服务，为学习型用户的自主学习提供针对性强、专业性高的知识信息服务；可以通过网络教学平台 Moodle、Sakai 等，拓展学习型用户学习内容的深度和广度；还可以通过 LibGuides 等学科服务平台整合各学科的信息资源，通过 Primo、EDS 等实现所有资源的一站式检索。嵌入式个人自主学习服务通过以上方式来满足学习型用户在不同时期、不同阶段、不断变化的学习需求。

（二）教学型用户需求的服务策略

面向教学型用户需求，高校智慧图书馆可以采取嵌入式课程教学过程服务和嵌入式课程教学互动服务这两种服务策略。

1. 嵌入式课程教学过程服务

高校智慧图书馆应将学生和教师所需的课程资源上传到网络教学平台上，以建设更加优质的网络教学平台。该平台为教学型用户提供免费或已付费的电子图

书和期刊论文，他们可以在教学平台上直接下载所需资源。该平台还可以使用数据库 RSS 为教师提供定制服务：教师事先把与课程有关的内容检索式输入，将其 RSS Feed 添加到网络教学平台中，便于教学型用户及时获取动态信息，为教学过程做好嵌入式服务。

2. 嵌入式课程教学互动服务

在高校智慧图书馆的帮助下，教学型用户可以将课程相关信息嵌入大型、流量高的社区网站中。这样，学生在使用这些社区网站时就能够获得这些信息。同时，学生可以使用各种网络交流工具，如微信、QQ 等，与教师或高校智慧图书馆进行交流互动，以实现课程教学的高效性。教学型用户可以根据学习型用户的反馈结果修正教学计划或者调整教学内容。同时，高校智慧图书馆也可以根据教学型用户和学习型用户的反馈结果来及时调整与课程相关的电子资源，以便更好地满足课程教学需求。

（三）科研型用户需求的服务策略

当服务对象为科研型用户时，高校智慧图书馆可以采取嵌入式学术交流服务和嵌入式科技研究服务这两种服务策略。

1. 嵌入式学术交流服务

在高校的学术交流中，智慧图书馆扮演着重要角色，学术交流的有序开展离不开智慧图书馆所提供的信息服务，如针对科研型用户的学术交流教育，其内容涵盖作者权利管理、版权、机构库建设等。高校智慧图书馆也致力于推行新的开放存取的学术交流模式，其中包括与校内其他部门合作、建立本地机构库，从而可以客观公正地评估软件系统、合理制定并精确解读相关政策、加大机构库的宣传力度、严格把控数据质量，以及引导作者行为等。

2. 嵌入式科技研究服务

在科研过程中，高校智慧图书馆要全面搜集科研型用户所需要的与研究相关的资料，如研究文献、调查数据等。其要即时跟踪研究领域中出现的新成果、新进展和新思路，并及时反馈给科研型用户，为用户提供最新的、具备研究价值的研究机构、研究项目、研究作者以及研究论文等相关研究资料，为用户提供“选题—立项—研究—结题—成果评价—成果转化”全程式的知识研究服务。

手机短信、社区网站、e 划通以及其他桌面工具这四种服务方式在面向用户需求的高校智慧图书馆嵌入式服务模式的构建过程中起到了推动作用。例如，把各院系、各专业网站和图书馆网站进行网络链接，把信息素养教育视频、课件或其他课程信息资源上传到网站上，让用户可以随时自主观看、自由下载学习；高校智慧图书馆将图书借阅、讲座培训、在线课程学习等项目，通过手机短信向目标用户进行及时推送；高校智慧图书馆还可以在对纸质资源和网络资源进行整合、建立专题数据库的基础上，运用手机短信、社区网站、e划通来为科研型用户开展嵌入式信息服务，为科研型用户提供专、深、多的科研信息。

四、高校智慧图书馆嵌入式服务模式的保障措施

（一）思想保障：转变落后观念

建设高校智慧图书馆的首要任务是改变落后的服务观念。首先，图书馆管理人员需要重新了解图书馆在学校和社会中扮演的角色和拥有的功能，并进行有效的机构组织重组和服务形式转型，同时重新审视和改造实体空间，合理构建虚拟空间，从而建立一种面向用户需求的嵌入式服务模式，以更好地满足读者的需求。只有建立完善的思想理念体系，嵌入式学科馆员才能清晰地认识到自身工作的奋斗目标和方向，满足高校用户的多样化信息需求。其次，需要让高校用户重新认识图书馆的角色和作用，避免片面地以为图书馆只是存储信息和文献的地方；应该正确定位图书馆的角色，认识到它是高校科研团队和学生信息检索的重要支撑和智囊团。最后，需要加大推广力度，提高高校智慧图书馆在高校师生中的知名度，树立品牌形象。

（二）物质保障：完善信息设施

高校智慧图书馆嵌入式服务的发展需要有物质保障，如果没有物质基础，发展就无从谈起。要想提高嵌入式服务质量，一是需定期更新软件、更新设备、淘汰陈旧产品，以确保提供给用户的信息查询设备具有优良性能，提升用户的使用体验。二是需要关注用户对信息的需求，及时更新馆藏资料、调整资料结构，以保证用户查询信息的便捷性和及时性。三是需要营造一个良好的服务环境，不只提供好用的查询设备，高校智慧图书馆还应该设置休息区，配备饮水机、打印机等其他设备，以改善用户查询环境和落实嵌入式服务。

（三）人才保障：引进专业人才

为了保证嵌入式服务工作的顺利开展，需要将专业人才纳入管理体系。因此，高校智慧图书馆应当大力聘请具备较高信息素养的图书馆专业人才，并且加强对在岗馆员的专业技能培训，以推动相关人员尽快适应信息化时代的图书馆嵌入式

服务工作。除了“引培”两种策略，高校智慧图书馆还可以与学校其他部门合作，成立嵌入式服务工作部门，下设学习、教学和科研三个工作小组，为高校用户提供有针对性的服务。例如，在学习工作小组中，教务处可以提供教学指导和课程建设方面的帮助；而在科研工作小组中，科研处则可以提供科研指导和学术讨论方面的支持。组成嵌入式服务工作机构的各个部门协同工作，使高校用户的信息需求得到满足，提高了高校智慧图书馆的工作效率并获得了更好的效果。

（四）制度保障：健全相关制度

嵌入式服务是高校智慧图书馆馆员与高校用户之间的一种协作方式，为了实现更深入的合作，需要制定相应规章制度，使其成为一种系统化、规范化的服务模式。在建立有关嵌入式服务的规章制度时，应在确保其规范性的基础上，普及嵌入式服务的重要性，使馆员和用户之间的协同合作成为常态，在整个学校内提高高层领导对该服务的重视程度，并获得各部门的支持和配合，进而赢得用户群体的信赖。一旦制定出相关制度，最重要的就是制度的实施，不能让制度流于形式，必须把制度落实到实际操作中。同时，还要在实施过程中持续地修改和改进制度。

嵌入式服务是高校智慧图书馆的发展趋势，也是高校教学与科研的必然需求。要想跟上时代的步伐，就必须克服各种困难，创新思维，寻找各种方法，将嵌入式服务引进高校教学和科研过程，真正发挥出高校智慧图书馆的功能。

第五节　高校智慧图书馆知识服务模式

高校智慧图书馆服务模式以服务读者用户为核心，侧重点在依靠信息技术为高校智慧图书馆提供个性化、智慧化的服务。高校智慧图书馆服务模式总体框架，如图 6-1 所示。

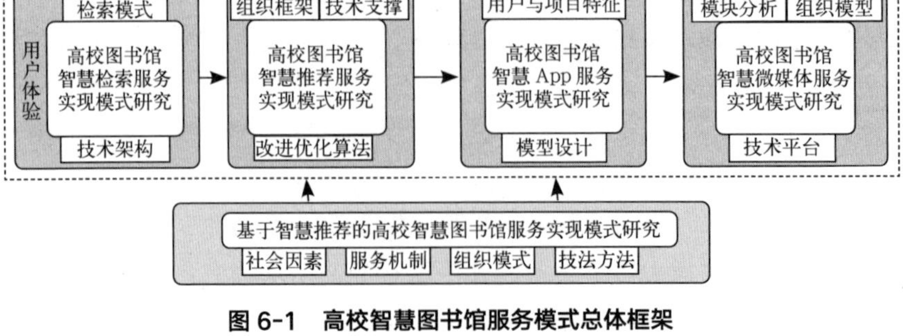

图 6-1　高校智慧图书馆服务模式总体框架

高校智慧图书馆提供的智慧性服务，主要从智慧数字图书馆与智慧移动终端服务切入，分为以下四个模块。

一、智慧检索

在实现智慧推荐之前，需要先进行智慧检索，这是实现智慧推荐的基础。用户在获取信息时的第一步就是进行检索操作，而高校智慧图书馆旨在通过智慧化的检索方法，使读者可以更快、更精准、更高效地获取所需的信息。与传统的检索方式相比，智慧检索能够根据用户的检索行为收集检索数据，通过分析检索数据了解用户具体或潜在的需求偏好，以此来为用户推送其最想要的检索结果；此外，智慧检索还可以利用分析用户的反馈或评价来自动调整检索方法，以便更精准地满足用户的信息需求，并提升用户在检索过程中的智慧化体验。传统的信息检索方法使用关键词或相似性来进行搜索，而智慧检索则旨在满足用户既定需求。智慧检索比传统检索更具智能化，可过滤掉不太相关的信息，使用户更加精准地获取需要的信息资源。并非每位用户每次访问图书馆网站时都会登入读者服务，许多用户只是想要尽快找到他们需要的书籍。因此，许多用户往往会选择最省时省力的方式来完成他们的搜索任务。使用智慧检索，可以让检索结果更加精准，同时提供直接指向最终结果页面的链接，从而帮助用户有效避免盲目查询图书，大幅缩短了查询时间，使检索变得更容易，同时提高用户检索体验感，使图书检索结果更准确可靠。

二、智慧推荐

智慧推荐是提供智慧化服务的起点，主要面向大众用户，是一种初步的细化服务。智慧推荐系统与使用搜索引擎的信息检索系统类似，但更注重推荐多样化、个性化、新颖化的结果。搜索可以让用户找到所需内容，但是它已经无法应对信息过载的挑战。推荐系统通过向用户推荐和展示信息资源，实现了“推”与“拉”互动的双向过程，从而帮助用户选择自己需要的信息。智慧推荐不是简单地罗列搜索结果，而是通过研究读者的行为偏好并建立用户模型，从而发现他们的兴趣点，以满足他们多样化的信息资源需求，使高校智慧图书馆中的各种资源得到充分利用，对知识信息的处理更加智能化。智慧推荐系统的主要目标是将数字信息资源与用户连接起来，更好地服务用户。该系统更人性化，具有个性化和社交化的特点，实现从被动查询到主动推荐的转变，帮助用户轻松地找到自己需要的信息。此外，该系统还可以将有潜在价值的信息推荐给用户，以实现知识生产者和知识消费者之间的相互受益。此外，一个高质量的智能推荐系统还可以为读者用户提供智能化的推荐，与读者用户建立紧密的联系，使读者对其产生信任、形成依赖。

三、智慧 App

高校的智慧图书馆着眼于智能化服务，其核心理念是以用户需求为中心，注重服务体验，关注用户需求，致力于提供人性化、优质的服务。在最近的几年里，移动互联技术以惊人的速度迅猛发展，几乎使移动通信网络和互联网完全融合在一起。这种融合不仅扩大了互联网服务的空间，还给人们带来了更方便的使用体验。智能移动设备的便携性和移动性特点促进了智能移动终端设备的普及，如今，智能手机、掌上电子书等设备已成为人们获取信息服务的主要选择。移动终端设备的兴起使得读者可以享有随时随地获取信息资源的便利，不再受时间和地点的限制。因此，为了适应以移动终端设备为主要使用方式的趋势，开发适用于高校智慧图书馆的独立 App 已经成为必然选择。移动终端下用户与项目属性如图 6-2 所示。

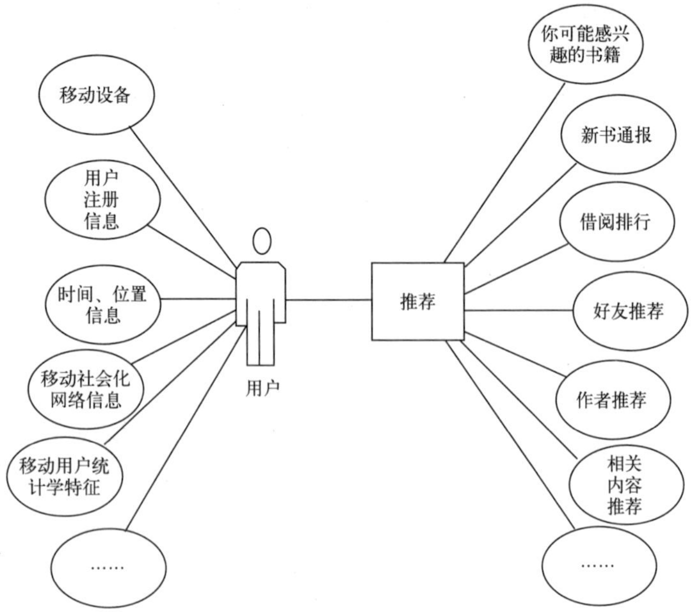

图 6-2 移动终端下用户与项目属性

高校智慧图书馆所提供的最有特色的服务就是泛在服务，泛在服务的载体是智能移动终端设备，它可以为读者提供个性化定制服务，使读者随时随地享受服务。智慧图书馆应该突破时空限制，为用户提供全方位、多层次、多形式、宽领域的信息资源获取、推送与推荐服务。泛在智慧服务模式是依靠云计算、智能移动终端、物联网等信息技术，实现传统图书馆和数字图书馆由“为读者用户提供单向服务”向“为读者用户提供双向智慧服务网络的泛在服务”转型。为此，研究和开发高校独立智慧 App 服务是智慧服务模式泛在化的表现。

四、智慧微媒体

随着新媒体的兴起，人们对微博、微信、微视频等微服务的关注度越来越高，一些人认为，人类已经身处微时代。近年来，微媒体已经成为网络传播的主流形式之一。它源自 Web2.0 时代，是由众多个人或机构独立创作的发布点所组成的网络传播结构。本书描述的是狭义上的微媒体，指的是一种新型的社交网络和传播方式，其代表包括微信和微博等，主要用于信息的发布和共享。本书将以微信作为研究重点，微信在 2011 年正式推出之后，由于其双向沟通的特点和互动特性受到用户的青睐，一跃成为国内领先社交软件。2012 年 8 月，腾讯公司设置了微信公众服务平台，旨在向媒体、企业、组织机构以及其他用户群体提供专门、专业的微信服务。微信的操作方式简单易懂，使用方便且快速，消息时效性强。此外，微信上的内容类型多样化，消息推送能够精准地达到用户的目的，适合新一代用户的生活习惯和交流方式。微信成功地克服了诸多挑战，包括硬件、软件、运营商和社交平台等方面的限制，将虚拟世界与现实世界紧密地连接起来。微信服务平台已经成为一个更加复杂和综合的概念，它不再是一个简单的名词术语，而是一个针对人际交往、生活习惯和文化交流的，符合时代特征的综合性命题。

高校智慧图书馆一直关注新技术的发展，积极倡导并引领新技术在图书馆行业的应用和发展。微信公众平台为智慧图书馆提供了与读者互相沟通的机会。在高校图书馆中，除了微博、博客等社交媒体，微信应该被看作另一个自媒体平台。相较于其他社交平台，高校智慧图书馆的读者更喜欢使用微信公众服务平台进行一对一的交流互动，因为这种交流方式更能够与图书馆建立紧密联系。通过使用微信公众平台，图书馆能够增加读者的识别度与关注度，并借助各种信息技术，提供独特的差异化服务，如为读者推荐各种图书资源，从而提升高校智慧图书馆的知名度及地位。高校智慧图书馆微信公众服务平台框架设计如图 6-3 所示。

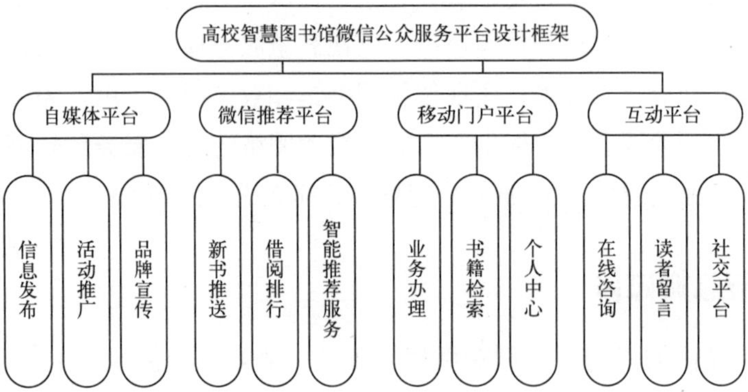

图 6-3　高校智慧图书馆微信公众服务平台设计框架

参 考 文 献

[1] 白晓燕．智慧图书馆建设与应用实践 [M]．长春：吉林人民出版社，2023．

[2] 王世伟．智慧图书馆引论 [M]．上海：上海大学出版社，2022．

[3] 张海波．智慧图书馆技术及应用 [M]．石家庄：河北科学技术出版社，2020．

[4] 王志红，侯习哲，张静．智慧图书馆建设与阅读推广研究 [M]．哈尔滨：哈尔滨出版社，2021．

[5] 高桂雅．大数据时代智慧图书馆科学化服务体系构建 [M]．长春：吉林出版集团股份有限公司，2021．

[6] 孟银涛．泛在环境下高校智慧图书馆研究 [M]．北京：中国农业大学出版社，2018．

[7] 王利蕊．知识生态图书馆：高校图书馆从信息化到知识化的智慧之路 [M]．南京：河海大学出版社，2021．

[8] 吴爱芝．大数据时代高校图书馆智慧化学科服务研究 [M]．北京：海洋出版社，2018．

[9] 李晓玲，王一丹，赵勇宏．高校图书馆智慧化管理与服务体系构建 [M]．长春：吉林大学出版社，2022．

[10] 张剑．高校图书馆移动学习支持服务研究 [M]．大连：辽宁师范大学出版社，2019．

[11] 刘彩玉，王雪韵，李小霞．高校如何推动智慧图书馆与知识服务融合发展 [J]．科技资讯，2023，21（18）：191–194．

[12] 郭晨晨，宫力平，肖荣荣．基于智能体验的高校智慧图书馆建设路径研究 [J]．河南图书馆学刊，2023，43（9）：68–70．

[13] 王京．普通地方高校建设智慧图书馆的困境与破局之法 [J]．文化产业，2023（24）：88–90．

[14] 周琼，李卫姣，王健，等．教育 4.0 环境下高校智慧图书馆实现途径研究 [J]．图书馆杂志，2023，42（9）：68–76．

[15] 杨明秋．高校图书馆智慧服务的逻辑与路径分析 [J]．中国报业，2023（12）：82−83．
[16] 凌耀银．借助“物联网”与“云计算”技术构建高校智慧图书馆 [J]．信息与电脑（理论版），2023，35（11）：155−157．
[17] 王春霞．新时期高校智慧图书馆建设的思考 [J]．传媒论坛，2022，5（21）：115−117．
[18] 宋琦琦．新时期高校建设智慧图书馆的策略分析 [J]．兰台内外，2022（34）：70−72．
[19] 李成．新时期高校智慧图书馆转型路径研究 [J]．河南图书馆学刊，2022，42（10）：75−76．
[20] 黄少吟．高校图书馆智慧信息服务的发展动力要素研究 [D]．南昌：南昌大学，2022．
[21] 冷瑞．高校图书馆智慧化学科服务影响因素研究：以天津市高校为例 [D]．天津：天津师范大学，2022．
[22] 陈心怡．基于大数据的高校图书馆智慧搜索服务模式研究 [D]．天津：天津理工大学，2022．
[23] 吴斯佳．大连市高校图书馆智慧服务现状及发展策略研究 [D]．大连：大连外国语大学，2021．
[24] 翟丽丽．我国高校图书馆智慧服务质量评价研究 [D]．保定：河北大学，2021．
[25] 金芮冰．教育大数据视域下高校图书馆智慧服务模式研究 [D]．曲阜：曲阜师范大学，2021．
[26] 初霭．国内高校智慧图书馆服务平台建设研究 [D]．哈尔滨：黑龙江大学，2021．
[27] 张芳．高校智慧图书馆服务现状调研及优化对策 [D]．湘潭：湘潭大学，2020．
[28] 何志平．高校智慧图书馆管理平台的研究与实现 [D]．杭州：浙江工商大学，2020．
[29] 刘瑶．高校图书馆智慧转型中的管理问题研究 [D]．济南：山东大学，2019．